मजाज़

लोकप्रिय शायर और उनकी शायरी

मजाज़

संपादक : प्रकाश पंडित
सह-संपादक : सुरेश सलिल

मजाज़ की जीवनी और उनकी बेहतरीन
नज़्में, ग़ज़लें और शे'र

राजपाल

ISBN : 9789350643846
संस्करण : 2016 © राजपाल एण्ड सन्ज़
MAJAZ (Life-Sketch & Poetry)
Editor : Prakash Pandit, Associate Editor : Suresh Salil

राजपाल एण्ड सन्ज़

1590, मदरसा रोड, कश्मीरी गेट-दिल्ली-110006
फोनः 011-23869812, 23865483, फैक्सः 011-23867791
e-mail : sales@rajpalpublishing.com
www.rajpalpublishing.com
www.facebook.com/rajpalandsons

क्रम

खूब पहचान लो 'असरार' हूं मैं
जिन्से-उल्फ़त का तलबगार हूं मैं

जीवनी

'' 'मजाज़' उर्दू शायरी का कीट्स[1] है।''

'' 'मजाज़' शराबी है।''

'' 'मजाज़' बड़ा रसिक और चुटकुलेबाज़ है।''

'' 'मजाज़' के नाम पर गर्ल्स कॉलेज अलीगढ़ में लाटरियाँ डाली जाती थीं कि 'मजाज़' किसके हिस्से में पड़ता है। उसकी कविताएँ तकियों के नीचे छुपाकर आँसुओं से सींची जाती थीं और कुंवारियाँ अपने भावी बेटों का नाम उसके नाम पर रखने की क़समें खाती थीं।''

'' 'मजाज़' के जीवन की सबसे बड़ी ट्रेजिडी औरत है।''

'मजाज़' से मिलने से पूर्व मैं 'मजाज़' के बारे में तरह-तरह की बातें सुना और पढ़ा करता था और उसका रंगारंग चित्र मैंने उसकी रचनाओं में भी देखा था, विशेष रूप में उसकी नज़्म 'आवारा' में तो मैंने उसे साक्षात् रूप से देख लिया था। जगमगाती, जागती सड़कों पर आवारा फिरने वाला शायर! जिसे रात हँस-हँसकर एक ओर मैख़ाने और प्रेमिका के काशाने (घर) में चलने को कहती है तो दूसरी ओर सुनसान वीराने को। जो प्रेम की असफलता और संसार के तिरस्कार का शिकार है। जिसके दिल में बेकार जीवन की उदासी भी है और समाज की विषमताओं के विरुद्ध विद्रोह की प्रचंड ज्वाला भी। 'आवारा' में मैंने 'मजाज़' का पूरा व्यक्तित्व देख लिया; लेकिन इसके साथ ही इस बाग़ो-बहार व्यक्ति को समीप से देखने की मेरी इच्छा और भी प्रबल हो उठी।

यह इच्छा बहुत समय बाद सन् 1948 में पूरी हुई जब देश के बँटवारे के बाद मैं लाहौर से दिल्ली में आ बसा था और मैंने और 'साहिर लुधियानवी' ने उर्दू की प्रसिद्ध पत्रिका 'शाहराह' की नींव डाली थी। 'मजाज़' से मेरी मुलाक़ात बड़े नाटकीय ढंग से हुई। रात के दस-ग्यारह का समय होगा। मैं और 'साहिर' नया मुहल्ला, पुल बंगश के एक मकान में घुसने की कोशिश कर रहे थे। मुहल्ला

---

1. अंग्रेज़ी के विश्व-विख्यात रोमांटिक कवि, जॉन कीट्स

मुसलमानों का था और शहर का वातावरण मुसलमानों के ख़िलाफ़। अर्थात्, एक चीज़ मेरे ख़िलाफ़ थी और दूसरी 'साहिर' के। इसलिए हम चाहते थे कि बड़े यत्नों से हाथ आये उस मकान पर हमारे क़ब्ज़े की किसी को कानोकान ख़बर न हो। 'साहिर' चुपके-चुपके सामान ढो रहा था और मैं मुहल्ले के बाहर सड़क के किनारे सामान की रखवाली कर रहा था कि एकाएक एक दुबला-पतला व्यक्ति अपने शरीर की हड्डियों के ढाँचे पर शेरवानी मढ़े बुरी तरह लड़खड़ाता और बड़बड़ाता मेरे सामने आ खड़ा हुआ।

"अख़्तर शीरानी[1] मर गया—हाय 'अख़्तर'! तू उर्दू का बहुत बड़ा शायर था—बहुत बड़ा।"

वह बार-बार यही वाक्य दोहरा रहा था। हाथों से शून्य में उल्टी-सीधी रेखाएँ बना रहा था और साथ-साथ अपने मेज़बान को कोसे जा रहा था, जिसने घर में शराब होने पर भी उसे और शराब पीने को न दी थी और अपनी मोटर में बिठाकर रेलवे पुल के पास छोड़ दिया था। ज़ाहिर है कि इस ऊटपटाँग-सी मुसीबत से मैं एकदम बौखला गया। मैं नहीं कह सकता कि उस समय उस व्यक्ति से मैं किस तरह पेश आता कि ठीक उसी समय कहीं से 'जोश' मलीहाबादी निकल आये और मुझे पहचानकर बोले, "इसे सँभालो प्रकाश! यह 'मजाज़' है।"

'मजाज़' को सँभालने की बजाय उस समय आवश्यकता यद्यपि अपने-आपको सँभालने की थी, लेकिन 'मजाज़' का नाम सुनते ही मैं एकदम चौंक पड़ा और दूसरे ही क्षण सब कुछ भुलाते हुए मैं इस प्रकार उससे लिपट गया मानो वर्षों पुरानी मुलाक़ात हो।

'मजाज़' से, जैसा कि प्रत्यक्ष है, उस समय मेरी वर्षों पुरानी मुलाक़ात न थी, लेकिन आज अट्ठाईस वर्ष बाद ये पंक्तियाँ लिखते समय मैं कह सकता हूँ कि मैंने 'मजाज़' को हर रंग में देखा है। होश में, बेहोशी में। शराब के लिए भटकते हुए और शराब पीकर भटकते हुए। बड़ी मौन अवस्था में और बुरी तरह चहकते हुए। अपने जीवन की निराशाओं और विफलताओं पर दुखी होते हुए और अपने जीवन की निराशाओं और विफलताओं का मज़ाक़ उड़ाते हुए। सोते-जागते, उठते-बैठते, चलते-फिरते 'मजाज़' को मैंने खूब-खूब देखा है। उसकी शायरी और व्यक्तित्व पर लिखा गया लगभग हर शब्द पढ़ा है। उसके मित्रों और सगे-सम्बन्धियों से मिला हूँ और दो-चार बार मुझे उसके आतिथ्य का सौभाग्य भी प्राप्त हो चुका है। यों अपने-आपको मैं उन लोगों में से समझता हूँ जिन्हें

---

1. उर्दू का एक प्रसिद्ध रोमांटिक शायर

'मजाज़' और उसकी शायरी पर किंचित् विश्वास के साथ कुछ लिखने का अधिकार पहुँचता है।

'मजाज़' उन दिनों लगभग एक महीना हमारे साथ रहा। उसकी अँधाधुँध शराबनोशी के बारे में मैं पहले से सुन चुका था और पहली मुलाक़ात में मुझे इसका तजुर्बा भी हो गया था, लेकिन इस एक महीने में मुझे अनुभव हुआ कि 'मजाज़' शराब को नहीं पीता, शराब बड़ी बेदर्दी से 'मजाज़' को पीती जा रही है। और यह अनुभव सन् 1951-52 में और भी उग्र हो उठा, जब मेरे चाँदनी चौक वाले मकान में 'मजाज़' लगातार कई महीने मेरे साथ रहा। इस बार 'मजाज़' को मैं उर्दू बाज़ार की एक पुस्तकों की दुकान पर से अर्धमृतावस्था में उठाकर लाया था। और मैंने निश्चय किया था कि जहाँ तक सम्भव होगा उसे शराब नहीं पीने दूँगा। लेकिन अफ़सोस! मेरे सभी प्रयत्न बेकार गये। खाट छोड़ते ही 'मजाज़' ने फिर से पीनी शुरू कर दी—इस बुरी तरह कि जीवन में तीसरी बार उस पर नर्वस ब्रेकडाउन का आक्रमण हुआ। उन दिनों उसने दिल्ली में ऐसी ख़ाक छानी, काम-वासना के ऐसे तमाशे दिखाए कि विश्वास नहीं होता था कि यही वह 'मजाज़' है जो होश की हालत में किसी मामूली-से छिछोरेपन को भी गुनाह का दर्जा देता था। जिसे हर समय छोटे-बड़े का लिहाज़ रहता था और जो इतना शर्मीला-लजीला था कि स्त्रियों के सामने उसकी नज़रें तक न उठती थीं। उन दिनों 'मजाज़' को देखकर 'पथभ्रष्ट महानता' का ख़याल आता था। और शायद उसने ठीक ही कहा था कि :

मेरी बर्बादियों का हमनशीनो
तुम्हें क्या, ख़ुद मुझे भी ग़म नहीं है[1]

---

1. इसमें सन्देह नहीं कि 'मजाज़' के जीवन में जितनी कटुताएँ थीं, वह स्वयं ही उन सबका जन्मदाता था, लेकिन वह सदैव अपनी उन कटुताओं से खेला और उन्हीं से अपने लिए रस भी निचोड़ता रहा। आश्चर्य होता है कि ऐसा दुःख-भरा जीवन व्यतीत करने पर भी उसने कभी अपनी स्वाभाविक प्रफुल्लता और चुटकुलेबाज़ी को हाथ से न जाने दिया था।

एक बार बेतकल्लुफ़ मित्रों की एक महफ़िल में एक ऐसे मित्र आये जिनकी पत्नी का हाल ही में देहान्त हो गया था और वे बहुत ही उदास थे। सभी मित्र उन्हें धीरज धरने को कहने लगे। एक मित्र ने तजवीज़ रखी कि दूसरी शादी तो आप करेंगे ही। जल्दी क्यों नहीं कर लेते ताकि यह ग़म ग़लत हो जाये। उन महाशय ने बड़ी गम्भीरता से कहा कि "जी हाँ, शादी तो मैं ज़रूर करूँगा। लेकिन चाहता हूँ कि किसी बेवा से करूँ।" यह सुनना था कि 'मजाज़' ने बड़ी सहृदयता प्रकट करते हुए तुरन्त कहा, "भाई साहब, आप शादी कर लिजिए, वह बेचारी ख़ुद ही बेवा हो जायेगी।"

→

यों तो 'मजाज़' को शुरू से रतजगे की बीमारी थी और इसी कारण घर के लोगों ने उसका नाम 'जग्गन' रख छोड़ा था, लेकिन उन दिनों शराब की तंद्रा के अतिरिक्त 'मजाज़' को बिलकुल निद्रा न आती थी। अक्सर रात के डेढ़-दो बजे घर पहुँचता या पहुँचाया जाता। दरवाज़ा खोलने और उसे उसके कमरे में पहुँचाकर खाना खिलाने की मैंने नौकर को ताकीद कर रखी थी। लेकिन 'मजाज़' पर उस समय किसी से बातें करने का मूड सवार होता था; अतएव दरवाज़ा खुलते ही वह सीधा हमारे सोने के कमरे की ओर लपकता। सोने के कमरे का दरवाज़ा चूँकि भीतर से बन्द होता था, इसलिए वह बाहर से ही चिल्लाकर पुकारता, ''हद है प्रकाश, अभी से सो गये!''

और यह पुकार सुबह चार-पाँच बजे फिर सुनाई देती, ''हद है प्रकाश, अभी तक सो रहे हो!''

शराबनोशी पर मेरी लगाई हुई पाबन्दियों से छुटकारा पाने का 'मजाज़' ने यह तरीका ढूँढ़ निकाला था कि रात वह मेरे सोते में घर आता था और सुबह मेरे सोते में ही घर से निकल जाता था और कभी-कभी तो कई-कई दिन तक सिवाय अफ़सोसनाक ख़बरों के उसका कुछ अता-पता न मिलता था। उसे जानने वाले और उसे चाहने वाले उससे कन्नी काटते, लेकिन 'मजाज़' को इसका कुछ एहसास न होता। कपड़े मैले हैं या फट गये, इसकी भी चिन्ता न थी। कितने दिन से अन्न नाम की कोई चीज़ पेट में नहीं गयी, इस ओर ध्यान देने की शायद फ़ुर्सत ही न थी। यदि कोई धुन थी तो बस यही कि कहाँ से, कब और कितनी

→ अब कौन था जो इस भरपूर वाक्य से आनन्दित हुए बिना रह सकता। स्वयं वह मित्र भी खिलखिला पड़े।—और वह मित्र थे, उर्दू के प्रसिद्ध शायर स्वर्गीय 'रविश' सिद्दीक़ी।

इसी प्रकार एक साहित्य-सभा में भाषण देते हुए जब सरदार जाफ़री ने 'इक़बाल' की शायरी के विभिन्न पहलुओं पर प्रकाश डालते हुए उसे ध्वंसशील तथा प्रतिक्रियावादी कह दिया तो श्रोताओं में से 'इक़बाल' के किसी श्रद्धालु ने चिल्लाकर कहा, ''अपनी यह बकवास बन्द कीजिए। आपकी इस बकवास से 'इक़बाल' की रूह को सदमा पहुँच रहा है।''

सभा में शायद गड़बड़ हो जाती, लेकिन 'मजाज़' ने तुरन्त उठकर माइक्रोफ़ोन हाथ में लेते हुए कहा, ''जनाब! सदमा तो आपकी रूह को पहुँच रहा है, जिसे आप ग़लती से 'इक़बाल' की रूह समझ रहे हैं।''

और यों पूरी सभा क़हक़हा लगा उठी।

यह तो खैर महफ़िलों और सभाओं की बातें हैं, 'मजाज़' रास्ता चलते हुए भी फुलझड़ियाँ छोड़ता जाता था। एक बार एक ताँगे को रोककर ताँगेवाले से बोला, ''क्यों मियाँ, कचहरी जाओगे?''

ताँगेवाले ने सवारी मिलने की आशा से प्रसन्न होकर उत्तर दिया, ''जायेंगे साब।''

''तो जाओ,'' 'मजाज़' ने कहा और अपने रास्ते पर हो लिया।

मात्रा में शराब मिल सकती है! दिन-रात निरन्तर शराबनोशी का परिणाम नर्वस ब्रेकडाउन के सिवा और क्या हो सकता था, जो हुआ। किसी प्रकार पकड़-धकड़ कर राँची मैण्टल हस्पताल में पहुँचाया, लेकिन स्वस्थ होते ही यह सिलसिला फिर से शुरू हो गया; और यह सिलसिला 6 दिसम्बर, सन् 1955 को बलरामपुर हस्पताल, लखनऊ में उस समय समाप्त हुआ जब कुछ मित्रों के साथ 'मजाज़' ने नियमानुसार बुरी तरह शराब पी। मित्र तो अपने-अपने घरों को सिधार गये लेकिन 'मजाज़' रात-भर शराबख़ाने की खुली छत पर सर्दी में मदहोश पड़ा रहा और उसके दिमाग़ की नस फट गयी।

हमारा देश चूँकि मृत-पूजक है इसलिए 'मजाज़' की मृत्यु पर अनगिनत लेख लिखे गये। शोक-सभाएँ हुईं। पत्र-पत्रिकाओं के विशेषांक निकले और उन लोगों ने भी बड़ा शोक मनाया जो उसकी ज़बान से उसका कलाम और चलते हुए फ़िकरे सुनने के लिए उसे शराब के रूप में ज़हर पिलाया करते थे। मुझे दिल्ली की ऐसी कई महफ़िलें याद हैं, जहाँ उच्च वर्ग की सुन्दर तथा भद्र महिलाओं का झुरमुट होता था; जहाँ 'मजाज़' को ताबड़तोड़ पैग पेश किये जाते थे और उससे ताबड़तोड़ नज़्में और ग़ज़लें सुनी जाती थीं। लेकिन जब मेज़बान देखते कि 'मजाज़' की साँस फूल गयी है, अब उससे और कुछ न सुनाया जायेगा, या वह अपने आपे में नहीं रहा तो वे उसे अपने ड्राइवर के हवाले कर देते थे कि उसे उसके निवास-स्थान पर छोड़ आये; या अगर यह प्रबन्ध नहीं होता था तो अपने बँगले के किसी सर्वेन्ट क्वार्टर में बन्द करके बाहर से ताला डाल देते थे।

'मजाज़' की ऐसी शराबनोशी के लिए मैं 'मजाज़' को निर्दोष नहीं समझता, लेकिन उसकी ऐसी दयनीय मृत्यु के सम्बन्ध में मैं उन कृपालुओं को बराबर का दोषी समझता हूँ, जिन्होंने 'मजाज़' की ज़िन्दगी के हालात से वाक़िफ़ होते हुए भी उसे पकड़-पकड़कर शराब पिलाई।

'मजाज़' की ज़िन्दगी के हालात बड़े दुःखद थे। कभी पूरी अलीगढ़ यूनिवर्सिटी, जहाँ से उसने बी.ए. किया था, उस पर जान देती थी। गर्ल्स कॉलेज में हर ज़बान पर उसका नाम था। उसकी आँखें कितनी सुन्दर हैं! उसका क़द कितना अच्छा है! वह क्या करता है? कहाँ रहता है? किसी से प्रेम तो नहीं करता—ये लड़कियों के प्रिय विषय थे और वे अपने क़हक़हों, चूड़ियों की खनखनाहटों और उड़ते हुए दुपट्टों की लहरियों में उसके शे'र गुनगुनाया करती थीं। लेकिन लड़कियों का वही चहेता शायर जब सन् 1936 में रेडियो की ओर से प्रकाशित होने वाली पत्रिका 'आवाज़' का सम्पादक बनकर दिल्ली आया तो एक लड़की के ही कारण

उसने दिल पर ऐसा घाव खाया जो जीवन-भर अच्छा न हो सका। एक वर्ष बाद ही नौकरी छोड़कर जब वह अपने शहर लखनऊ को लौटा तो उसके सम्बन्धियों के कथनानुसार, ''वह प्रेम की ज्वाला में बुरी तरह फुंक रहा था और उसने बेतहाशा शराब पीनी शुरू कर दी थी। इसी सिलसिले में सन् 1940 में उस पर नर्वस ब्रेकडाउन का पहला आक्रमण हुआ और यह रट लगी कि फ़लां लड़की मुझसे शादी करना चाहती है, लेकिन रक़ीब (प्रतिद्वन्द्वी) ज़हर देने की फ़िक्र में हैं। यहाँ यह बताना बेमौक़ा न होगा कि 'मजाज़' ने दिल्ली के एक उच्च घराने की अत्यन्त सुन्दर और इकलौती लड़की से प्रेम किया था, लेकिन उसके विवाहिता होने के कारण यह बेल मंढ़े न चढ़ सकी और उसने यह कहते हुए दिल्ली से विदा ली थी कि :

रुख़्सत ऐ दिल्ली ! तेरी महफ़िल से अब जाता हूँ मैं
नौहागर¹ जाता हूँ मैं, नाला-ब-लब² जाता हूँ मैं

उपचार-चिकित्सा से मानसिक दशा सुधरी तो माता-पिता ने हृदय के घाव का इलाज करना चाहा। लड़की! कोई-सी लड़की जो उसके जीवन का सहारा बन सके, जो उसके रिसते हुए नासूर पर मरहम रख सके! लेकिन वही लोग, जिन्हें कभी 'मजाज़' को अपना दामाद बनाने की बड़ी अभिलाषाएँ थीं, अवगुण गिनवाने लगे; और लड़कियों को तो जैसे अब 'मजाज़' से भय लगने लगा था।

'मजाज़' ने सामान्य जीवन व्यतीत करने का निश्चय किया। कुछ दिनों तक 'बम्बई इन्फ़र्मेशन' में काम करता रहा। वहाँ से लौटा तो लखनऊ विश्वविद्यालय में एल-एल. बी. में दाख़िला ले लिया। उन्हीं दिनों 'सिब्तेहसन' और 'सरदार जाफ़री' के साथ 'नया अदब' नाम से एक प्रगतिशील पत्रिका निकाली और फिर हार्डिंग लाइब्रेरी, दिल्ली में असिस्टेंट लाइब्रेरियन की हैसियत से काम करने लगा। लेकिन उसी ज़माने में, उसकी छोटी बहन 'हमीदा सालिम' के कथनानुसार, ''चोट पर एक और चोट पड़ी। घरवालों ने किसी प्रकार एक नाता तय किया और 'मजाज़' ने शायद आत्म-समर्पण में सुख अथवा मुक्ति पाने के विचार से हामी भी भर दी, लेकिन जब वर-दिखव्वे के तौर पर वह

---

1. विलाप करते हुए 2. होंठों पर आर्तनाद लिये हुए

अपने ससुर की सेवा में उपस्थित हुआ तो हज़ारों रुपया मासिक कमाने वाले सरकारी पदाधिकारी को डेढ़ सौ रुपल्ली मासिक पाने वाले असिस्टेंट लाइब्रेरियन में कोई आकर्षण नज़र न आया।''

यहाँ एक बार फिर धन की जीत और कला की हार हुई। शायर ने एक बार दिल की आवाज़ पर क़दम उठाये थे और मुँह के बल गिरा था। अब के अक़्ल पर भरोसा किया था, फूंक-फूंककर क़दम रखा था, लेकिन फिर ठोकर खा गया और खिसियाकर रो पड़ा और सन् 1954 में उस पर पागलपन का दूसरा हमला हुआ।

अब वह स्वयं ही अपनी महानता के राग अलापता था। शायरों के नामों की सूची तैयार करता था और 'ग़ालिब' और 'इक़बाल' के नाम के बाद अपना नाम लिखकर सूची समाप्त कर देता था। डॉक्टरों के भरसक प्रयत्नों तथा घरवालों की जानतोड़ सेवा-शुश्रूषा से किसी प्रकार स्वास्थ्य लाभ हो गया पर जीवन का ढर्रा न बदल सका। निरन्तर बेकारी और एकाकीपन का साथ रहा। शराबनोशी बढ़ती गयी। जीवन की कटुताएँ बढ़ती गयीं और वह उन कटुताओं को शराब में डुबोने का असफल प्रयत्न करते-करते स्वयं ही शराब में डूब गया।

आधुनिक उर्दू शायरी का यह प्रिय और दयनीय शायर सन् 1909 में अवध के एक प्रसिद्ध क़स्बे रदौली में पैदा हुआ। पिता सिराजुलहक़ रदौली के पहले व्यक्ति थे, जिन्होंने ज़मींदार होते हुए भी उच्च शिक्षा प्राप्त की और ज़मींदारी पर सरकारी नौकरी को प्राथमिकता दी। यों असरार-उल हक़ (मजाज़) का पालन-पोषण उस उभरते हुए घराने में हुआ जो एक ओर जीवन के पुराने मूल्यों को छाती से लगाये हुए था और दूसरी ओर नये मूल्यों को भी अपना रहा था[1]। बचपन में, जैसा कि उसकी बहन 'हमीदा' ने एक जगह लिखा है, '' 'मजाज़' बड़े सरल स्वभाव तथा विमल हृदय का व्यक्ति था। जागीरी वातावरण में स्वामित्व की भावना बच्चे को माँ के दूध के साथ मिलती है लेकिन वह हमेशा निर्लिप्त तथा निःस्वार्थ रहा। दूसरों की चीज़ को अपने प्रयोग में लाना और अपनी चीज़ दूसरों को दे देना उसकी आदत रही। इसके अतिरिक्त वह शुरू से ही सौन्दर्य-प्रिय भी था। कुटुम्ब में कोई सुन्दर स्त्री देख लेता तो घंटों उसके पास बैठा रहता। खेल-कूद, खाने-पीने, किसी चीज़ की सुध न रहती।'' प्रारम्भिक शिक्षा लखनऊ के अमीनाबाद हाईस्कूल में प्राप्त कर जब वह आगरा के सेंट जॉन्स कॉलेज में

---

1. इस विशेषता की झलक 'मजाज़' के व्यक्तित्व में भी थी और शायरी में भी। उसका पूरा कलाम 'पुरानी बोतलों में नयी शराब' का साक्षी है।

दाखिल हुआ तो कॉलेज में मुईन अहसन 'जज़्बी' और पड़ोस में 'फ़ानी' जैसे शायरों की संगत मिली और यहीं से 'मजाज़' की उस ज्योतिर्मय शायरी का प्रादुर्भाव हुआ जिसकी चमक आगरा, अलीगढ़ और दिल्ली से होती हुई समस्त भारत में फैल गयी।

'मजाज़' की शायरी का आरम्भ बिलकुल परम्परागत ढंग से हुआ और उसने उर्दू शायरी के मिज़ाज का सदैव ख़याल रखा। ऊपर मैं कह चुका हूँ कि 'मजाज़' को 'अख़्तर' शीरानी की मृत्यु का बड़ा शोक था और मदहोशी की हालत में भी वह उसे उर्दू का बहुत बड़ा शायर कह रहा था। वास्तविकता यह है कि 'अख़्तर' शीरानी और 'मजाज़' की शायरी की पृष्ठभूमि एक-सी है। मूल रूप से दोनों रोमांटिक और संगीत-धर्मी शायर हैं। वहाँ भी बेकार जीवन की खिन्नता है और यहाँ भी। वहाँ भी शराब है और यहाँ भी। वहाँ भी कोई-न-कोई 'सलमा' या 'अज़रा' है और यहाँ भी कोई 'ज़ोहरा-जबीं'। वहाँ भी 'ग़ालिब', 'मोमिन', 'हाफ़िज़' और 'ख़य्याम' के स्वरों की गूँज है और यहाँ भी। लेकिन आगे चलकर जो चीज़ 'मजाज़' को 'अख़्तर' शीरानी से अलग करती है, वह है 'मजाज़' का सुलझा हुआ बोध या विवेक। ख़ालिस इश्किया शायरी करते हुए भी वह अपने जीवन तथा जन-साधारण के जीवन के प्रभावों तथा प्रकृतियों को विस्मृत नहीं करता। हुस्नो-इश्क़ का एक अलग संसार बसाने की बजाय वह हुस्नो-इश्क़ पर लगे सामाजिक प्रतिबन्धों के प्रति अपना रोष प्रकट करता है। आसमानी हूरों की ओर देखने की बजाय उसकी नज़र रास्ते के गंदे लेकिन हृदयाकर्षक सौन्दर्य पर पड़ती है और इन दृश्यों के प्रेक्षण के बाद वह जन-साधारण की तरह जीवन के दुःख-दर्द के बारे में सोचता है और फिर कलात्मक निखार के साथ जो शे'र कहता है तो उसमें केवल किसी 'ज़ोहरा-जबीं' से प्रेम ही नहीं होता, विद्रोह की झलक भी होती है। यह विद्रोह कभी वह वर्तमान जीवन-व्यवस्था से करता है, कभी साम्राज्य से; और जीवन की वंचनाओं के वशीभूत कभी-कभी इतना कटु हो जाता है कि अपनी ज़ोहरा-जबीनों के रंगमहलों तक को छिन्न-भिन्न कर देना चाहता है।

शायद इसीलिए 'मजाज़' की शायरी का विवेचन करते हुए उर्दू के प्रसिद्ध शायर स्वर्गीय 'असर' लखनवी ने एक बार लिखा था- ''उर्दू में एक कीट्स पैदा हुआ था, लेकिन इन्क़िलाबी भेड़िए उसे उठा ले गये।''

'मजाज़' को इन्क़िलाबी भेड़िए (प्रगतिशील लेखक) उठा ले गये या वह स्वयं मिमियाती हुई भेड़ों के रेवड़ से निकल आया, इस बहस की यहाँ गुंजाइश नहीं है। लेकिन इस वास्तविकता से उर्दू साहित्य का कोई पाठक इनकार

नहीं कर सकता कि 'मजाज़' ने जिस दृष्टि से व्यक्तिगत दुःखों को सामाजिक पृष्ठभूमि में देखा और जाँचा और यथार्थ और रोमांस का संगम तलाश किया, और उसके यहाँ रस और चिन्तन का जो सुन्दर समन्वय मिलता है, वह उसकी कवित्व-शक्ति के अतिरिक्त इस बात का भी द्योतक है कि कोई साहित्यकार केवल शून्य में जीवन व्यतीत नहीं कर सकता और न ही अपनी कल्पना के पंखों पर उड़कर अधिक देर तक किसी कृत्रिम स्वर्ग में जीवित रह सकता है।

1935 ई. में जबकि 'मजाज़' को शे'र कहते अभी केवल पाँच वर्ष हुए थे और भारत में अभी 'प्रगतिशील लेखक संघ' की नींव भी नहीं पड़ी थी, 'मजाज़' ने इन शब्दों में अपना परिचय दिया था :

खूब पहचान लो 'असरार' हूँ मैं
जिन्से-उल्फ़त का[1] तलबगार हूँ मैं

ख़्वाबे-इशरत में[2] हैं अरबाबे-ख़िरद[3]
और इक शायरे-बेदार[4] हूँ मैं

ऐब जो हाफ़िज़-ओ-ख़य्याम में था
हाँ कुछ उसका भी गुनहगार हूँ मैं

हूरो-ग़िल्मां का यहाँ ज़िक्र नहीं
नौए-इन्सां का[5] परस्तार[6] हूँ मैं

'हाफ़िज़' और 'ख़य्याम' के ऐब का वह बेशक गुनहगार था, लेकिन नौए-इन्सां की उपासना की यही भावना हर अवसर पर उसकी सहायता करती रही। और यह कोई साधारण बात नहीं है कि अपनी मस्ती और शराब-परस्ती के बावजूद और मौलिक रूप से रोमांटिक शायर होते हुए भी, अगर हर क़दम पर नहीं तो हर मोड़ पर, वह अवश्य जीवन की प्रगतिशील शक्तियों का साथ देता रहा। मेरे

---

1. प्रेम नामक वस्तु का 2. ऐश्वर्य की नींद में 3. बुद्धिमान 4. जागरूक कवि 5. मनुष्य-मात्र का 6. उपासक

इस दावे की दृढ़ता के लिए 'मजाज़' के निम्नलिखित शे'र देखिए, जिन्हें मैं क्रमानुसार प्रस्तुत कर रहा हूँ :

हदें वो खैंच रक्खी हैं हरम के पासबानों ने
कि बिन मुजरिम बने पैग़ाम भी पहुंचा नहीं सकता

(1936)

जवानी की अंधेरी रात है, ज़ुल्मत का[1] तूफ़ां है
मेरी राहों में नूरे-माहो-अंजुम[2] तक गुरेज़ां हैं

ख़ुदा सोया हुआ है अहरमन[3] महशर-बदामां[4] है
मगर मैं अपनी मंज़िल की तरफ़ बढ़ता ही जाता हूँ।

(1937)

ज़ेहने-इन्सानी[5] ने अब औहाम की[6] जुल्मात में
ज़िन्दगी की सख्त, तूफ़ानी अंधेरी रात में

कुछ नहीं तो कम से कम ख़्वाबे-सहर[7] देखा तो है
जिस तरफ़ देखा न था अब उस तरफ़ देखा तो है

(1939)

बोल अरी ओ धरती बोल
राज सिंहासन डाँवांडोल

(1945)

ये इन्क़िलाब का मुज़्दा[8] है इन्क़िलाब नहीं
ये आफ़ताब का[9] पारतौ[10] है आफ़ताब नहीं

(1945)

---

1. अंधकार का 2. चाँद-सूरज का प्रकाश 3. शैतान 4. प्रलय-मचाए हुए 5. मानव-मस्तिष्क
6. भ्रमों की 7. सुबह होने का सपना 8. शुभ समाचार 9. सूरज का 10. प्रतिबिम्ब

सब्ज़ा-ओ-बर्गो-लाला-ओ-सर्वो-समन को[1] क्या हुआ
सारा चमन उदास है हाय चमन को क्या हुआ
कोई बताए अज़मते-ख़ाके-वतन को[2] क्या हुआ
कोई बताए ग़ैरते-अहले-वतन को क्या हुआ

(1950)

इन शे'रों में हमें जन-चेतना, स्वतन्त्रता-आन्दोलन, स्वतन्त्रता और उसकी प्रतिक्रिया, सामाजिक क्रान्ति में कलाकारों की ज़िम्मेदारी इत्यादि की बहुत-सी झलकियाँ मिलती हैं। 'झलकियाँ' मैं इसलिए कह रहा हूँ क्योंकि 'मजाज़' चाहे कितना ही बड़ा और कैसा ही सामयिक विषय क्यों न प्रस्तुत कर रहा हो, कला के तक़ाज़ों को कभी हाथ से नहीं जाने देता। और चूँकि उसका दृष्टिकोण रोमांटिक है और उसने क्लासिक शायरी से मुँह मोड़ने और नये प्रयोगों का ख़तरा मोल लेने की बजाय पुरानी उपमाओं, परिभाषाओं तथा शब्दों को नये अर्थ पहनाये हैं, इसलिए कुछेक स्थानों को छोड़कर, जहाँ सामाजिक त्रुटियों के कटु अनुभव से वह कुछ भावुक तथा ध्वंसकारी हो गया है, सामूहिक रूप से वह सामाजिक परिवर्तन या क्रान्ति के लिए गरजता नहीं, गाता है। और मेरे समीप यही उसकी शायरी की सबसे बड़ी विशेषता है।

'मजाज़' के कविता-संग्रह 'आहंग' की भूमिका में उर्दू के प्रसिद्ध शायर फ़ैज़ अहमद 'फ़ैज़' ने उसे क्रान्ति के ढिंढोरची की बजाय क्रान्ति के गायक की उपाधि देते हुए बिलकुल ठीक लिखा है कि :

'' 'मजाज़' की इन्क़िलाबियत, आम इन्क़िलाबी शायरों से मुख़्तलिफ़ है। आम इन्क़िलाबी शायर इन्क़िलाब के मुतअल्लिक़ गरजते हैं, ललकारते हैं, सीना कूटते हैं, इन्क़िलाब के मुतअल्लिक गा नहीं सकते... वो सिर्फ़ इन्क़िलाब की हौलनाकी (भीषणता) को देखते हैं, उसके हुस्न को नहीं पहचानते। यह इन्क़िलाब का तरक़्क़ो-पसंद (प्रगतिशील) नहीं, रजअत-पसंद (प्रतिक्रियात्मक) तसव्वुर (उद्भावना) है।''

'' 'मजाज़' उर्दू शायरी का कीट्स था।''
'' 'मजाज़' वास्तविक अर्थों में प्रगतिशील शायर था।''
'' 'मजाज़' रस और मद्य का शायर था।''

---

1. देश की मिट्टी की महानता को 2. देशवासियों की गैरत को

“ ‘मजाज़’ अच्छा शायर और घटिया शराबी था।”

“ ‘मजाज़’ नीम-पागल लेकिन निष्कपट व्यक्ति था।”

“ ‘मजाज़’ चुटकुलेबाज़ था।”

‘मजाज़’ को पढ़ने वाले, ‘मजाज़’ से मिलने वाले, ‘मजाज़’ को जानने वाले घूम-फिरकर मतों के इन्हीं बिन्दुओं पर पहुँचते हैं, लेकिन ये सब बिन्दु मिलकर एक ऐसे दिव्य केन्द्र पर आ मिलते हैं जहाँ ‘मजाज़’ और केवल ‘मजाज़’ अंकित है।

—प्रकाश पंडित

‘मजाज़’ की असामयिक मृत्यु पर उर्दू के कुछ समकालीन साहित्यकारों के मनोभाव

“...वह एक बाण की तरह छूटा और फ़िज़ा की[1] बुलन्दियों में फूल-सी जगमगाती हुई चिनगारियाँ बिखेर कर चश्मे-ज़दन में[2] बुझ गया। लेकिन ये चिनगारियाँ उसके मुख़्तसर मजमूआ-ए-कलाम[3] में हमेशा के लिए महफ़ूज[4] हो गयी हैं। उनकी जगमगाहटें ज़िन्दगी की रातों को रौशन[5] करती रहेंगी। ‘मजाज़’ की मौत पर ये बातें लिखकर ऐसा महसूस कर रहा हूँ कि मैंने बेअदबी की है। शायद मौत का एहतिराम[6] ख़ामोश रहकर ही किया जा सकता है।”

—‘फ़िराक़’ गोरखपुरी

“...आज हम उस महबूब[7] शायर की मौत पर जब आँसू गिरा रहे हैं तो उसकी नज़्मों, ग़ज़लों के साथ-साथ उसकी नाकामियाँ और नामुरादियाँ, सब सामने आ रही हैं। दूसरी तरफ़ दोस्तों और दोस्तनुमा दुश्मनों के परे[8] गुज़र रहे हैं। जीने और तरक़्क़ी करने के जो शरायत[9] ज़माने ने बना रखे हैं, वो सामने आ रहे हैं और दिल में एक हूक उठती है कि काश! जिस तरह हुआ, उस तरह न होता। काश! दुनिया इससे बेहतर होती। काश! वह ऐसी होती कि ‘मजाज़’ उसमें जी सकता। जी सकता और हँस सकता और नग़्मे गा सकता। हमको यक़ीन है कि उसका हर नग़्मा इन्सानी आरज़ुओं और हौसलों का एलबम होता।”

—हयातुल्ला अंसारी

---

1. वायुमंडल की 2. पलक झपकने में 3. कविता-संग्रह 4. सुरक्षित 5. प्रकाशमान
6. सम्मान 7. प्रिय 8. झुंड 9. शर्तें

‘‘...मेरी उम्र इसी में गुज़री है और मुझे इसके बहुत मौक़े मिले हैं कि मैं इन्सान को, वह शायर हो कि ग़ैर-शायर[1], परखूँ और मैं यह बराबर करता रहा हूँ और मुझे यह कहने में कोई ताम्मुल[2] नहीं कि ‘मजाज़’ से ज़ियादा हलीम[3] और शरीफ़ हस्ती उसकी नस्ल में मुझे कोई नहीं मिली । ‘मजाज़’ की मौत एक बहुत बड़े शायर और एक निहायत मासूम हस्ती की मौत है।’’

—‘मजनूं’ गोरखपुरी

‘‘...और उसने जवां-मर्गी[4] की रीत पूरी कर दी। जवां-मर्गी और शायरी की रीत जिसे उर्फ़ी, शैले, कीट्स, बायरन, चेस्टरटन, कॉडवेल, फ़ॉक्स ने भी पूरा किया था...‘मजाज़’ उसी रास्ते पर चले गये जिस पर उर्दू शायरों और अदीबों में मीर अब्दुलहई ‘ताबां’, दुर्गासहाय ‘सरवर’, पंडित रत्नाथ ‘सरशार’, बनवारी लाल ‘शो’ला’, ‘अख़्तर’ शीरानी, सआदत हसन मंटो गये थे। ऐ उर्दू के अज़ीमुश्शान शायर! अपने दोस्तों और क़द्रदानों का सलाम ले। मौत तेरी घात में थी, तुझे ले गयी। लेकिन ज़िन्दगी भी मौत से इन्तिक़ाम लेना जानती है। वह तुझे मरने न देगी। वह तेरी शायरी को बक़ाए-दवाम[5] बख़्शेगी। तेरा जिस्म मिट्टी का था, मिट्टी में मिल गया, तेरे नग़्मे इन्सानों की मलकियत हैं। जब तक इन्सानों के दिल धड़कते हैं तेरे नग़्मे उन्हें इज्तिरा[6] की दौलत से माला-माल करते रहेंगे और तू ज़िन्दा रहेगा।’’

—एहतिशाम हुसैन

‘‘तुम अब हमारे दर्मियान नहीं रहे हो ‘मजाज़’! और न जाने इस बस्ती को तजकर कहाँ चले गये हो—! अब तुम कहीं नज़र नहीं आओगे, कभी तुम्हारी मोहनी सूरत दिखाई नहीं देगी।

‘‘तुम्हारी नावक़्त मौत एक ऐसा हादिसा है कि इसे अज़ीम-तरीन[7] हादिसा भी नहीं कहा जा सकता। इसलिए कि ये हादिसा अज़ीम-तरीन हवादिस से[8] भी कहीं ज़ियादा रूह-फ़र्सा[9] है।

‘‘तुम्हारी मौत ने मेरे दिल की जो कैफ़ियत कर दी है, उसी कैफ़ियत को जब अल्फाज़ की[10] पुश्त पर[11] रखना चाहता हूँ तो वे हुबाब की[12] तरह मअ़न[13] टूट जाते हैं।

---

1. जो शायर न हो 2. झिझक 3 विनम्र 4. जवानी की मौत 5. अमरत्व 6. व्याकुलता 7. महानतम 8. दुर्घटनाओं से 9. जान-लेवा 10. शब्दों की 11. पीठ पर 12. पानी के बुलबुले की 13. तुरन्त

''हैफ़[1] उन तास्सुरात पर[2] जो फ़ुक़्दाने-अल्फ़ाज की[3] बिना पर[4] सर पीटते और गरजते रहते हैं।

''मौत हम सबका तआक़ुब[5] कर रही है, मगर ये देखकर रश्क[6] आया और कलेजा फट गया कि वह तुम तक किस क़दर जल्द पहुँच गयी।

''एक मुद्दत से शिकायत कर रहा हूँ कि ओ कमबख़्त मौत! तू मुझे क्यों नहीं पूछती। मैंने क्या बिगाड़ा था तेरा कि तूने मुझसे बे-एतिनाई[7] बरती, और 'मजाज़' ने क्या एहसान किया था तुझ पर, ओ रूसियाह[8]! कि तूने उसे बढ़कर कलेजे से लगा लिया।

'' 'मजाज़'! मैंने तेरे वाल्दैन को तेरा पुर्सा[9] नहीं दिया था। इसलिए कि उन्हें चाहिए था कि वह तेरा पुर्सा मुझे दे देते। तू उनका सिर्फ़ बेटा था, लेकिन तू मेरा क्या था, यह उन बदनसीबों को मालूम नहीं।

''मेरा ख़याल था कि यह चिराग़ जो मुझ नामुराद ने जलाया है, मेरे बाद तू इस चिराग़ को रौशन करेगा और मज़ीद[10] रौग़न[11] डालकर इसकी लौ को उकसायेगा, और इस चिराग़ से सैकड़ों नये चिराग़ जलते चले जायेंगे। लेकिन सद-हैफ़[12]! कि तू ही बुझकर रह गया—मेरी उम्मीद का चिराग़ शायद अब भी न जल सकेगा।

''यह सच है कि यह भेड़ियों की दुनिया इस क़ाबिल नहीं कि शायर यहाँ ज़िन्दगी बसर करे। ये सूदो-ज़ियां[13] के घुप अँधेरे में एक-दूसरे से टकराने, एक-दूसरे का खून पीने और एक-दूसरे का गोश्त खाने वाले दरिन्दे इस क़ाबिल नहीं कि इनकी लाशों से अटी हुई ज़मीन पर शायर चले और फिरे और इस मनहूसो-नापाक सियासी अस्तबल में शायर क़दम रखे जहाँ गधों की गर्दनों में ज़री[14] तौक़[15] जगमगा रहे हैं। और यही एक ऐसी बात है जिस पर निगाह करके मैं, ऐ 'मजाज़'! तुझे मुबारकबाद देता हूँ कि तू इस दुनिया से चला गया और ऐन[16] जवानी के मौसमे-बहार में चला गया।

''लेकिन तेरी यह जवां-मर्गी[17] और जवां-बख़्ती[18] मेरे वास्ते एक ऐसा शो'ला-ए-ग़म[19] छोड़ गयी है जो मेरे सीने के अन्दर उस वक़्त तक जलता रहेगा जब तक कि साँस चलती रहेगी।

---

1. अफ़सोस 2. अनुभूतियों पर 3. शब्दों के अभाव की 4. कारण 5. पीछा 6. ईर्ष्या 7. उपेक्षा 8. काले मुँह वाली 9. मातमपुरसी का पत्र 10. और 11. तेल 12. सौ बार अफ़सोस 13. लाभ और हानि 14. सुनहरी 15. हँसलियां 16. ठीक 17. जवानी की मौत 18. सौभाग्य 19. ग़म का शोला

"एक तेरे सिधार जाने से मेरे दिल की नगरी इस तरह उजड़ कर रह गयी है कि अब दोबारा आबाद नहीं हो सकेगी। 'मजाज़'! अब मेरा भी चल-चलाव है, तेरी मौत के क़लक[1] ने मुझे यह बात बता दी है कि ज़्यादा जीना बहुत बड़ी बेग़ैरती और अपने फ़न[2] की बहुत बड़ी तौहीन है।

"मेरी रात भीग चुकी है। तारे सिर पर टिमटिमा रहे हैं। बिस्तर तह कर लिया गया है, कमर बाँध ली गयी है और अब यह मुसाफ़िर भी तैयार हो चुका है।

" 'मजाज़'! घबराना नहीं, 'जोश' भी आ रहा है, जल्द आ रहा है। घबराना नहीं ऐ 'मजाज़'!"

—'जोश' मलीहाबादी

---

1. शोक 2. कला

नज़्में

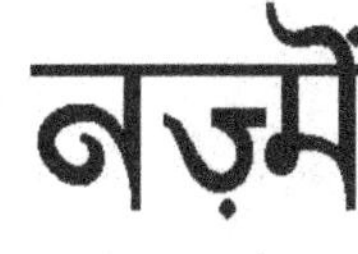

आवारा

शहर की रात और मैं नाशादो-नाकारा[1] फिरूं
जगमगाती जागती सड़कों पे आवारा फिरूं
ग़ैर की बस्ती है, कब तक दर-ब-दर मारा फिरूं
ऐ ग़मे-दिल क्या करूं, ऐ वहशते-दिल क्या करूं !

झिलमिलाते कुमकुमों की[2] राह में ज़ंजीर सी
रात के हाथों में दिन की मोहनी तस्वीर सी
मेरे सीने पर मगर दहकी हुई शमशीर[3] सी
ऐ ग़मे-दिल क्या करूं, ऐ वहशते-दिल क्या करूं !

ये रुपहली[4] छांव, ये आकाश पर तारों का जाल
जैसे सूफ़ी का तसव्वुर[5], जैसे आशिक़ का ख़याल
आह लेकिन कौन जाने, कौन समझे जी का हाल
ऐ ग़मे-दिल क्या करूं, ऐ वहशते-दिल क्या करूं !

फिर वो टूटा इक सितारा, फिर वो छूटी फुलझड़ी
जाने किसकी गोद में आई ये मोती की लड़ी
हूक-सी सीने में उट्ठी, चोट-सी दिल पर पड़ी
ऐ ग़मे-दिल क्या करूं, ऐ वहशते-दिल क्या करूं !

रात हँस-हँस के ये कहती है कि मैखाने[6] में चल
फिर किसी शहनाज़े-लाला-रुख के[7] काशाने में[8] चल
ये नहीं मुमकिन तो फिर ऐ दोस्त वीराने में चल
ऐ ग़मे-दिल क्या करूं, ऐ वहशते-दिल क्या करूं !

---

1. उदास और बेकार 2. बिजली की बत्तियों की 3. तलवार 4. चाँदी-रंग 5. अनुध्यान
6. मधुशाला 7. गुलाब के फूल-जैसे मुखड़े वाली के 8. मकान में

हर   तरफ़   बिखरी   हुई   रंगीनियां, रा'नाइयां
हर   क़दम   पर   इश्रतें[1]   लेती   हुई   अंगड़ाइयां
बढ़   रही   हैं   गोद   फैलाए   हुए   रुसवाइयां
        ऐ ग़मे-दिल क्या करूं, ऐ वहशते-दिल क्या करूं !
रास्ते   में   रुक   के   दम   ले   लूं,   मिरी   आदत   नहीं
लौटकर   वापस   चला   जाऊं,   मिरी   फ़ितरत[2]   नहीं
और   कोई   हमनवा[3]   मिल   जाए,   ये   क़िस्मत   नहीं
        ऐ ग़मे-दिल क्या करूं, ऐ वहशते-दिल क्या करूं !
मुन्तज़िर   है   एक   तूफ़ाने - बला[4]   मेरे   लिए
अब   भी   जाने   कितने   दरवाज़े   हैं   वाँ[5]   मेरे   लिए
पर   मुसीबत   है   मिरा   अहदे-वफ़ा[6]   मेरे   लिए
        ऐ ग़मे-दिल क्या करूं, ऐ वहशते-दिल क्या करूं !
जी   में   आता   है   कि   अब   अहदे-वफ़ा   भी   तोड़   दूं
उनको   पा   सकता   हूँ   मैं,   ये   आसरा   भी   तोड़   दूं
हाँ   मुनासिब   है,   ये   ज़ंजीरे-हवा[7]   भी   तोड़   दूं
        ऐ ग़मे-दिल क्या करूं, ऐ वहशते-दिल क्या करूं !
इक   महल   की   आड़   से   निकला   वो   पीला   माहताब[8]
जैसे   मुल्ला   का   अमामा[9],   जैसे   बनिए   की   किताब
जैसे   मुफ़लिस[10]   की   जवानी,   जैसे   बेवा   का   शबाब[11]
        ऐ ग़मे-दिल क्या करूं, ऐ वहशते-दिल क्या करूं !
दिल   में   इक   शो'ला   भड़क   उट्ठा   है,   आख़िर   क्या   करूं
मेरा   पैमाना   छलक   उट्ठा   है,   आख़िर   क्या   करूं
ज़ख़्म   सीने   में   महक   उट्ठा   है,   आख़िर   क्या   करूं
        ऐ ग़मे-दिल क्या करूं, ऐ वहशते-दिल क्या करूं !

---

1. सुख-भोग 2. स्वभाव या प्रकृति 3. साथी 4. विपत्तियों का तूफ़ान 5. खुले हुए
6. प्रेम निभाने की प्रतिज्ञा 7. वायु की ज़ंजीर (व्यर्थ की आशा) 8. चाँद
9. पगड़ी 10. निर्धन 11. यौवन

जी में आता है ये मुर्दा चांद-तारे नोच लूं
इस किनारे नोच लूं और उसे किनारे नोच लूं
एक-दो का ज़िक्र क्या, सारे के सारे नोच लूं
    ऐ ग़मे-दिल क्या करूं, ऐ वहशते-दिल क्या करूं !
मुफ़लिसी और ये मज़ाहिर[1] हैं नज़र के सामने
सैकड़ों सुल्ताने - जाबिर[2] हैं नज़र के सामने
सैकड़ों चंगेज़ो - नादिर हैं नज़र के सामने
    ऐ ग़मे-दिल क्या करूं, ऐ वहशते-दिल क्या करूं !
लेके इक चंगेज़ के हाथों से ख़ंजर तोड़ दूं
ताज पर उसके दमकता है जो पत्थर तोड़ दूं
कोई तोड़े या न तोड़े मैं ही बढ़कर तोड़ दूं
    ऐ ग़मे-दिल क्या करूं, ऐ वहशते-दिल क्या करूं !
बढ़के इस इन्दर-सभा का साज़ो-सामां फूंक दूं
इसका गुलशन फूंक दूं, उसका शबिस्तां[3] फूंक दूं
तख़्ते-सुल्तां[4] क्या, मैं सारा क़स्रे-सुल्तां[5] फूंक दूं
    ऐ ग़मे-दिल क्या करूं, ऐ वहशते-दिल क्या करूं !

---

1. दृश्य 2. अत्याचारी बादशाह 3. शयनागार 4. शाही तख़्त 5. शाही महल

एक ग़मगीन याद

मिरे पहलू-ब-पहलू जब वो चलती थी गुलिस्तां में
    फ़राज़े-आस्मां पर[1] कहकशां[2] हसरत से तकती थी
मोहब्बत जब चमक उठती थी उसकी चश्मे-खंदां में[3]
    ख़ुमस्ताने-फ़लक से[4] नूर की सहबा[5] छलकती थी

मिरे बाज़ू पे जब वो ज़ुल्फ़े-शबगूँ[6] खोल देती थी
    ज़माना नकहते-ख़ुल्दे-बरीं में[7] डूब जाता था
मिरे शाने पे जब सर रख के ठंडी सांस लेती थी
    मिरी दुनिया में सोज़ो-साज़ का तूफ़ान आता था

वो मेरा शे'र जब मेरी ही लै में गुनगुनाती थी
    मनाज़िर झूमते थे बाम-ओ-दर को[8] वज्द[9] आता था
मिरी आँखों में आँखें डालकर जब मुस्कराती थी
    मिरे ज़ुल्मतकदे का[10] ज़र्रा-ज़र्रा जगमगाता था।

उमड़ आते थे जब अश्के-मोहब्बत[11] उसकी पलकों तक
    टपकती थी दरो-दीवार से शोख़ी तबस्सुम की[12]
जब उसके होंठ आ जाते थे अज़-ख़ुद[13] मेरे होंठों तक
    झपक जाती थीं आँखें आस्मां पर माहो-अंजुम की[14]

वो जब हंगामे - रुख़्सत[15] देखती थी मुझको मुड़ - मुड़कर
    तो ख़ुद फ़ितरत के दिल में महशरे - जज़्बात[16] होता था
वो महवे - ख़्वाब[17] जब होती थी अपने नर्म बिस्तर पर
    तो उसके सर पे मरियम का मुक़द्दस[18] हाथ होता था

---

1. ऊँचे आकाश पर 2. आकाश-गंगा 3. हँसती हुई आँखों में 4. आकाश-रूपी मधुशाला से
5. प्रकाश रूपी शराब 6. रात-जैसे काले केश 7. स्वर्ग की सुगन्ध में 8. दरवाज़ों और छतों
को 9. मस्ती में झूमना 10. अँधेरे घर (दिल) का 11. प्रेम के आँसू 12. मुस्कुराहट की
13. आप ही आप 14. चाँद-सितारों की 15. विदा के समय 16. मनोभावों की प्रलय
17. सोई हुई 18. पवित्र

आज

कारफ़र्मा[1] फिर मिरा ज़ौक़े-ग़ज़ल-ख़्वानी[2] है आज

   फिर नफ़स का[3] साज़ गर्मे-शो'ला-अफ़्शानी है[4] आज

फिर निगाहे-शौक़ की[5] गर्मी है और रू-ए-निगार[6]

   फिर अरक़-आलूद[7] इक काफ़िर की पेशानी है आज

फिर मिरे लब पर क़सीदे[8] हैं लबो-रुख़्सार के[9]

   फिर किसी चेहरे पे ताबानी[10] सी ताबानी है आज

हुस्न इस दर्जा निशाते-हुस्न में[11] डूबा हुआ

   अंखड़ियां बेखुद, शमीमे-ज़ुल्फ़[12] दीवानी है आज

लर्ज़िशे-लब में[13] शराबों-शे'र का तूफ़ान है

   जुंबिशे-मिज़गां में[14] अफ़्सूने-ग़ज़लख़्वानी[15] है आज

वो नफ़स की ज़मज़मा-संजी[16] नज़र की गुफ़्तगू

   सीना-ए-मासूम में[17] इक तुर्फ़ा तुग़यानी[18] है आज

वो इशारे हैं बहक जाना ही ऐने-होश है[19]

   होश में रहना यक़ीनन सख़्त नादानी है आज

कशमकश सी कशमकश में है मज़ाक़े-आशिक़ी

   कामरां[20] सी कामरां हर सई-ए-इम्कानी[21] है आज

हुस्न के चेहरे पे है नूरे-सदाक़त की[22] दमक

   इश्क़ के सर पर कुलाहे-फ़ख़्रे-इन्सानी[23] है आज

शौक़ से[24] मौक़ा-शनासी[25] की तवक़्क़ो[26] भी ग़लत

   मैंने उनकी शक्ल भी मुश्किल से पहचानी है आज

---

1. कार्यरत 2. गीत गाने की अभिरुचि 3. साँस का 4. शोले बिखेर रहा है 5. इश्क़ रूपी नज़र की 6. प्रेयसी का मुखड़ा 7. पसीना-पसीना 8. होंठों पर स्तुति गान 9. होंठों और कपोलों के 10. आभा 11. सौन्दर्य की मस्ती में 12. केशों की सुगन्ध 13. होंठों की थरथराहट में 14. पलकों के हिलने में 15. संगीत का जादू 16. साँसों का संगीत 17. सरल हृदय में 18. विचित्र बाढ़ 19. सही अर्थ में होश है 20. सफल, भाग्यवान 21. सम्भव चेष्टा 22. सत्य के तेज की 23. मनुष्यता के गौरव का ताज 24. इश्क़ के कारण 25. अवसर पहचानना 26. आशा

नूरा

(नर्स की चारागरी[1])

वो नौख़ेज़[2] 'नूरा' वो इक बिनते - मरियम[3]

वो मख़्मूर आंखें वो गेसू - ए - पुरख़म[4]

वो अर्ज़े - कलीसा की[5] इक माहपारा[6]

वो दैरो - हरम[7] के लिए इक शरारा

वो फ़िर्दौसे-मरियम[8] का इक गुञ्चा-ए-तर[9]

वो तस्लीस की[10] दुख़्तरे - नेक - अख़्तर[11]

वो इक नर्स थी चारागर[12] जिसको कहिए

मुदावा - ए - दर्दे-जिगर[13] जिसको कहिए

जवानी से तिफ़्ली[14] गले मिल रही थी

हवा चल रही थी कली खिल रही थी

वो पुररो'ब तेवर वो शादाब[15] चेहरा

मता-ए-ज़वानी पे[16] फ़ितरत का[17] पहरा

मिरी हुक्मरानी है अहले-ज़मीं पर[18]

ये तहरीर[19] था साफ़ उसकी जबीं पर[20]

सफ़ेद और शफ़्फ़ाफ़ कपड़े पहन कर

मिरे पास आती थी इक हूर बन कर

वो इक आसमानी फ़रिश्ता थी गोया

कि अन्दाज़ था उसमें 'जिबरील' का सा

वो तसकीने - दिल थी सुकूने - नज़र थी

निगारे - शफ़क़[21] थी जमाले - सहर[22] थी

---

1. उपचार 2. नवयुवा 3. मरियम की बेटी 4. पेचदार केश 5. ईसाइयों के देश की 6. चाँद का टुकड़ा 7. मन्दिर, मस्जिद 8. मरियम की जन्नत 9. खिली कली 10. ईसाइयत की 11. सुपुत्री 12. उपचारक 13. हृदय की पीड़ा का इलाज 14. बाल्यावस्था 15. सुसिक्त, खिला 16. यौवन-धन पर 17. प्रकृति का 18. धरती के वासियों पर 19. लिखा हुआ 20. माथे पर 21. अरुणिमा का सौन्दर्य 22. प्रभात का सौन्दर्य

वो शो'ला, वो बिजली, वो जल्वा, वो परतौ[1]
'सुलेमां' की वो इक कनीज़े-सुबकरौ[2]
कभी उसकी शोख़ी में संजीदगी थी
कभी उसकी संजीदगी में भी शोख़ी
घड़ी चुप, घड़ी करने लगती थी बातें
सरहाने मिरे काट देती थी रातें
अजब चीज़ थी वो, अजब राज़[3] थी वो
कभी सोज़ थी वो, कभी साज़ थी वो
नक़ाहत के आलम में[4] जब आँख उठती
नज़र मुझको आती मोहब्बत की देवी
वो इस वक़्त इक पैकरे-नूर[5] होती
तख़य्युल की परवाज़ से[6] दूर होती
वो अंजील पढ़कर सुनाती थी मुझको
हँसाती थी मुझको, रुलाती थी मुझको
दवा अपने हाथों से मुझको पिलाती
''अब अच्छे हो'' हर रोज़ मुज़्दा[7] सुनाती
सरहाने मिरे एक दिन सर झुकाए
वो बैठी थी तकिए पे कुहनी टिकाए
ख़यालाते-पैहम में खोई हुई सी
न जागी हुई सी, न सोई हुई सी
झपकती हुई बार-बार उसकी पलकें
जबीं पुरशिकन[8] बेक़रार उसकी पलकें
वो आँखों के सागर छलकते हुए से
वो आरिज़ के[9] शो'ले भड़कते हुए से

---

1. प्रतिबिम्ब 2. सुलेमान बादशाह की मृदुल चाल वाली दासी 3. भेद 4. क्षीणता की स्थिति में 5. साकार प्रकाश 6. कल्पना की उड़ान से 7. शुभ समाचार 8. बल पड़ा माथा 9. कपोलों के

लबों में[1] था लालो - गुहर का[2] ख़ज़ाना
नज़र आरिफ़ाना[3] अदा राहिबाना[4]
महक गेसुओं से[5] चली आ रही थी
मिरे हर नफ़स[6] में बसी जा रही थी
मुझे लेटे - लेटे शरारत की सूझी
जो सूझी भी तो किस क़ियामत की सूझी
ज़रा बढ़ के कुछ और गर्दन झुका ली
लबे-लाले-अफ़शां से[7] इक शै चुरा ली
वो शै जिसको अब क्या कहूँ क्या समझिए
बहिश्ते-जवानी का[8] तोहफ़ा समझिए
मैं समझा था शायद बिगड़ जाएगी वो
हवाओं से लड़ती है लड़ जाएगी वो
मैं देखूंगा उसके बिफरने का आलम[9]
जवानी का गुस्सा बिखरने का आलम
इधर दिल में इक शोरे-महशर बपा था[10]
मगर उस तरफ़ रंग ही दूसरा था
हँसी, और हँसी इस तरह खिलखिलाकर
कि शम्ए-हया[11] रह गयी झिलमिलाकर
नहीं जानती है मिरा नाम तक वो
मगर भेज देती है पैग़ाम तक वो
ये पैग़ाम आते ही रहते हैं अक्सर
कि किस रोज़ आओगे बीमार होकर ?

---

1. होंठों में 2. हीरे-मोतियों का 3. ब्रह्मज्ञानियों की सी 4. वैरागियों की सी 5. केशों से
6. श्वास 7. लाली बिखेरते होंठों से 8. यौवन-रूपी स्वर्ग का 9. स्थिति 10. प्रलय का शोर
हो रहा था 11. लज्जा-रूपी दीपक

अंधेरी रात का मुसाफ़िर

जवानी की अंधेरी रात है ज़ुल्मत का[1] तूफ़ां है
मिरी राहों से नूरे-माहो-अंजुम[2] तक गुरेज़ां है
ख़ुदा सोया हुआ है, अहरमन[3] महशर-बदामां[4] है
    मगर मैं अपनी मंज़िल की तरफ़ बहता ही जाता हूँ

ग़मो-हिरमां[5] की यूरिश[6] है, मसाइब की[7] घटाएं हैं
जुनूं की[8] फ़िल्लाख़ेज़ी[9], हुस्न की ख़ूनी अदाएं हैं
बड़ी पुरज़ोर आंधी है, बड़ी काफ़िर बलाएं हैं
    मगर मैं अपनी मंज़िल की तरफ़ बढ़ता ही जाता हूँ

फ़ज़ा में मौत के तारीक[10] साए थरथराते हैं
हवा के सर्द झोंके क़ल्ब पर[11] ख़ंजर चलाते हैं
गुज़श्ता इश्रतों के[12] ख़्वाब आईना दिखाते हैं
    मगर मैं अपनी मंज़िल की तरफ़ बढ़ता ही जाता हूँ

ज़मीं चीं-बर-जबीं[13] है आस्मां तख़रीब पर[14] माइल
रफ़ीक़ाने-सफ़र में कोई बिस्मिल[15] है कोई घाइल
तआक़ुब में लुटेरे हैं, चटाने राह में हाइल
    मगर मैं अपनी मंज़िल की तरफ़ बढ़ता ही जाता हूँ

---

1. अंधकार का 2. चाँद-सितारों का प्रकाश 3. शैतान 4. प्रलय मचाए हुए 5. दुःखों और निराशाओं की 6. आक्रमण 7. आपत्तियों की 8. उन्माद की 9. उपद्रव 10. काले 11. हृदय पर 12. सुख भोगों के 13. माथे पर बल डाले हुए 14. विनाश पर 15. आहत

उफ़ुक़ पर[1] ज़िन्दगी के लश्करे-ज़ुल्मत का डेरा है
हवादिस के[2] क़ियामत-ख़ेज़ तूफ़ानों ने घेरा है
जहाँ तक देख सकता हूँ, अंधेरा ही अंधेरा है
    मगर मैं अपनी मंज़िल की तरफ़ बढ़ता ही जाता हूँ

चिराग़े - दैर[3]   फ़ानूसे - हरम[4]   क़ंदीले - रहबानी[5]
ये सब हैं मुद्दतों से बेनियाज़े - नूरे - इफ़्रानी[6]
न नाक़ूसे - बिरहमन[7] है, न आहंगे-हुदी-ख़्वानी[8]
    मगर मैं अपनी मंज़िल की तरफ़ बढ़ता ही जाता हूँ

तलातुम ख़ेज़[9] दरिया, आग के मैदान हाइल हैं
गरजती आंधियां, बिखरे हुए तूफ़ान हाइल हैं
तबाही के फ़रिश्ते, जब्र के शैतान हाइल हैं
    मगर मैं अपनी मंज़िल की तरफ़ बढ़ता ही जाता हूँ

फ़ज़ा में शो'ला अफ़शां[10] देवे-इस्तब्दाद का[11] ख़ंजर
सियासत के सनानी[12] अहले-ज़र के[13] खूंचकां[14] तेवर
फ़रेबे - बेख़ुदी[15] देते हुए बिल्लौर के[16] साग़र
    मगर मैं अपनी मंज़िल की तरफ़ बढ़ता ही जाता हूँ

---

1. क्षितिज पर 2. दुर्घटनाओं के 3. मन्दिर का दीपक 4. मस्ज़िद का फ़ानूस 5. गिरजाघर की मोमबत्ती 6. ब्रह्म-ज्ञान की ज्योति से बेपरवाह 7. ब्राह्मण के शंख (फूंकने की आवाज़) 8. (मुल्ला के) क़ुरान पढ़ने का आलाप 9. तूफ़ानी 10. शोले बिखेर रहा है 11. अत्याचाररूपी देव का 12. नुकीले 13. पूँजीपतियों के 14. जिन से लहू टपक रहा है 15. आत्म-विसर्जन का धोखा 16. शीशे के

बदी पर बारिशे - लुत्फ़ो - करम, नेक़ी पे तक़्रीरें
जवानी के हँसी ख़्वाबों की हैबतनाक ता'बीरें[1]
नुकीली तेज़ संगीनें हैं ख़ूं-आशाम[2] शमशीरें
    मगर मैं अपनी मंज़िल की तरफ़ बढ़ता ही जाता हूँ

हुकूमत के मज़ाहिर[3] जंग के पुरहौल नक़्शे हैं
कुदालों के मुक़ाबिल तोप बन्दूकें हैं नेज़े हैं
सलासिल[4], ताज़ियाने, बेड़ियां फांसी के तख्ते हैं
    मगर मैं अपनी मंज़िल की तरफ़ बढ़ता ही जाता हूँ

उफ़ुक़ पर जंग का ख़ूनी सितारा जगमगाता है
हर इक झोंका हवा का मौत का पैग़ाम लाता है
घटा की घन-गरज से क़ल्बे-गेती[5] कांप जाता है
    मगर मैं अपनी मंज़िल की तरफ़ बढ़ता ही जाता हूँ

फ़ना के आहनी वहशत-असर[6] क़दमों की आहट है
धुएं की बदलियां हैं गोलियों की सनसनाहट है
अजल के[7] क़हक़हे हैं ज़लज़लों की गड़गड़ाहट है
    मगर मैं अपनी मंज़िल की तरफ़ बढ़ता ही जाता हूँ

---

1. स्वप्न-फल 2. लहू पीने वाली 3. प्रदर्शन 4. ज़ंजीरें 5. कीड़े 6. संसार का हृदय 7. भीषण

किससे मोहब्बत है ?

बताऊं क्या तुझे, ऐ हमनशीं[1] ! किससे मोहब्बत है
मैं जिस दुनिया में रहता हूँ वो उस दुनिया की औरत है
सरापा[2] रंगो - बू है पैकरे - हुस्नो - लताफ़त[3] है
   बहिश्ते-गोश[4] होती हैं गुहर-अफ़शानियां[5] उसकी

वो मेरे आस्मां पर अख़तरे - सुबहे - क़ियामत[6] है
सुरैया-बख़्त[7] है, ज़ोहरा-जबीं[8] है माहे-तलअ़त[9] है
मिरा ईमां है, मेरी ज़िन्दगी है, मेरी जन्नत है
   मिरी आँखों को ख़ीरा कर गईं[10] ताबानियां[11] उसकी

वो इक मिज़राब है और छेड़ सकती है रगे-जां को
वो चिनगारी है लेकिन फूँक सकती है गुलिस्तां को
वो बिजली है जला सकती है सारी बज़्मे-इमकां को[12]
   अभी मेरे ही दिल तक हैं शरर-सामानियां[13] उसकी

ज़बां पर हैं अभी तक इस्मतो-तक़्दीस के[14] नग़्मे
वो बढ़ जाती है इस दुनिया से अक्सर इस क़दर आगे
मिरी तख़ईल के[15] बाज़ू भी उसको छू नहीं सकते
   मुझे हैरान कर देती है नुक़्ता-दानियां उसकी

---

1. साथी 2. सिर से पाँव तक 3. सौन्दर्य तथा कोमलता की प्रतिमा 4. कानों का स्वर्ग
5. मोती बिखेरना (बातें) 6. प्रलय की प्रभात का सितारा 7. 8. 9. चाँद तारों जैसे सुन्दर
चेहरे वाली 10. चौंधिया गई 11. आभाएँ 12. संसार को 13. अंगारे बरसाना 14. सतीत्व
तथा पवित्रता के 15. कल्पना के

अदाएं लेके आई है वो फ़ितरत के ख़ज़ानों से
जगा सकती है महफ़िल को नज़र के ताज़ियानों से[1]
वो मलिका है ख़िराज उसने लिये हैं बोस्तानों से[2]
    बस इक मैंने ही अक्सर की हैं नाफ़रमानियां उसकी

वो मेरी जुर्रतों पर बेनियाज़ी की सज़ा देना
हवस की ज़ुल्मतों पर[3] नाज़ की बिजली गिरा देना
निगाहे-शाक़ की बेबाकियों पर मुस्करा देना
    जुनूं को दर्से-तमकीं[4] दे गई नादानियां उसकी

वफ़ा ख़ुद की है और मेरी वफ़ा को आज़माया है
मुझे चाहा है, मुझको अपनी आँखों पर बिठाया है
मिरा हर शे'र तन्हाई में उसने गुनगुनाया है
    सुनी हैं मैंने अक्सर छुपके नग़्मा-ख्वानियां[5] उसकी

मिरे चेहरे पे जब भी फ़िक्र के आसार[6] पाए हैं
मुझे तस्कीन दी है मेरे अंदेशे मिटाए हैं
मिरे शाने पे सर तक रख दिया है, गीत गाए हैं
    मिरी दुनिया बदल देती हैं ख़ुश अल्हानियां[7] उसकी

लबे-ला'लीं पे[8] लाखा है न रुख़्सारों पे[9] ग़ाज़ा है
जबीने नूर-अफ़शां पर[10] न झूमर है न टीका है
जवानी है सुहाग उसका, तबस्सुम उसका गहना है
    नहीं आलूदा-ए-ज़ुल्मत[11] सरह-दामानियां[12] उसकी

---

1. कोड़ों से 2. बाग़ों से 3. अँधेरों पर 4. सहनशीलता का पाठ 5. गीत गाना 6. चिह्न
7. मधुर स्वर 8. लाल होंठों पर 9. कपोलों पर 10. आभापूर्ण माथे पर 11. अंधकार युक्त
12. सुबह रूपी दामन

कोई मेरे सिवा उसका निशां पा ही नहीं सकता
कोई उस बारगाहे-नाज़[1] तक जा ही नहीं सकता
कोई उसके जुनूं का ज़मज़मा[2] गा ही नहीं सकता
        झलकती हैं मिरे अशआर में जौलानियां[3] उसकी

---

1. नाज़ (सुन्दरी) की राज-सभा 2. गान 3. जवानी का जोश

साक़ी

मिरी मस्ती में अब होश ही का तौर[1] है साक़ी
तिरे साग़र में ये सहबा[2] नहीं कुछ और है साक़ी

भड़कती जा रही है दम-ब-दम इक आग-सी दिल में
ये कैसे जाम हैं साक़ी, ये कैसा दौर है साक़ी

वो शै दे जिससे नींद आ जाए अक़्ले-फ़िला-परवर को[3]
कि दिल आजुर्दह-तमईज़े-लुत्फ़ो-जौर[4] है साक़ी

जवानी और यूं घिर जाए तूफ़ाने-हवादिस में[5]
ख़ुदा रक्खे अभी तो बेख़ुदी का दौर है साक़ी

छलकती है जो तेरे जाम से उस मय का क्या कहना
तिरे शादाब होंठों की मगर कुछ और है साक़ी

मुझे पीने दे, पीने दे कि तेरे ज़ामे-ला' लीं में[6]
अभी कुछ और है, कुछ और है, कुछ और है साक़ी

---

1. रंग-ढंग 2. अंगूरी शराब 3. उपद्रव खड़े करने वाली बुद्धि को 4. अनुकम्पा और अत्याचार के भेद के प्रति उदासीन 5. दुर्घटनाओं के तूफ़ान में 6. लाल रंग के प्याले (होंठों) में

सरमायादारी

कलेजा फुंक रहा है और ज़बाँ कहने से आरी है[1]
बताऊँ क्या तुम्हें क्या चीज़ ये सरमायादारी[2] है

ये वो आँधी है जिसकी रौ में मुफ़लिस का नशेमन[3] है
ये वो बिजली है जिसकी ज़द में हर   दहक़ाँ का ख़िर्मन[4] है

ये अपने हाथ में तहज़ीब का फ़ानूस लेती है
मगर मज़दूर के तन से लहू तक चूस लेती है

ये इंसानी बला ख़ुद ख़ूने-इंसानी की गाहक है
वबा से बढ़के मुहलिक[5], मौत से बढ़कर भयानक है

न देखे हैं बुरे इसने, न परखे हैं भले इसने
शिकंजों में जकड़कर घोंट डाले हैं गले इसने

बला-ए-अमाँ[6] है, तीर ही इसके निराले हैं।
कि इसने ग़ैज़ में[7] उजड़े हुए घर फूँक डाले हैं

कयामत इसके ग़मज़े[8], जान लेवा हैं सितम इसके
हमेशा सीना-ए मुफ़लिस[9] पे पड़ते हैं क़दम इसके

---

1. वंचित है 2. पूँजीवाद है 3. गरीब की झोंपड़ी 4. किसान का खलिहान 5. खतरनाक
6. बेपनाह मुसीबत 7. गुस्से में 8. नाज़-नखरे 9. गरीब के सीने पर

कहीं ये ख़ूँ फ़र्दे-मालो-ज़र[1] तहरीर करती है
कहीं ये हड्डियाँ चुनकर महल तामीर करती है

ग़रीबों का मुक़द्दस[2] ख़ून पी-पी कर बहकती है
महल में नाचती है, रक़्सगाहों में[3] थिरकती है

बज़ाहिर चन्द फ़िरऔनों[4] का दामन भर दिया इसने
मगर कुल बाग़ो-आलम[5] को जहन्नुम कर दिया इसने

दरिन्दे सर झुका देते हैं लोहा मान कर इसका
नज़र सफ़्फ़ाकतर[6] इसकी, नफ़स मक्रूसहतर[7] इसका

जिधर चलती है बर्बादी के सामाँ साथ चलते हैं।
नहूसत हमसफ़र होती है शैताँ साथ चलते हैं

ये अक्सर लूट कर मासूम इंसानों को राहों में
ख़ुदा के ज़मज़मे[8] गाती है छुप कर ख़ानक़ाहों में

जवाँ मर्दों के हाथों से ये नेज़े छीन लेती है
ये यन है, भरी गोदों से बच्चे छीन लेती है

ये गैरत छीन लेती है, हमीयत[9] छीन लेती है
ये इंसानों से इंसानों की फ़ितरत छीन लेती है

---

1. धन-दौलत का बहीखाता 2. पवित्र 3. डांस बार में 4. निरंकुश शासकों का
5. दुनिया के बाग़ को 6. बेहद, ज़ालिम 7. साँस उबकाई लाने वाली 8. गीत 9. लाज, मर्यादा

ये आशोबे - हलाक़त[1] फ़ितना - ए - इस्कंदरो दारा[2]
ज़मीं के देवताओं की कनीज़े - अंजुमन - आरा[3]

हमेशा खून पीकर हड्डियों के रथ में चलती है
ज़माना चीख़ उठता है, ये जब पहलू बदलती है

गरजती, गूँजती ये आज भी मैदाँ में आती है
मगर बदमस्त है, हर हर क़दम पर लड़खड़ाती है

मुबारक दोस्तो, लबरेज़ है अब इसका पैमाना
उठाओ आँधियां, कमज़ोर है बुनियादे-काशाना[4]

---

1. मौत और बर्बादी का हंगामा 2. सिकन्दर और दारा की शक्ल वाली क़यामत
3. महफ़िल की रौनक बढ़ाने वाली बाँदी 4. महल की बुनियाद

ख़्वाबे सहर[1]

मेह्र[2] सदियों से चमकता ही रहा अफ़लाक पर[3]
रात ही तारी रही इनसान के इद्राक पर[4]

अक़्ल के मैदान में ज़ुल्मत का[5] डेरा ही रहा
दिल में तारीकी, दिमाग़ों में अंधेरा ही रहा

इक न इक मज़हब की सअइ-ए-ख़ाम[6] भी होती रही
अहले-दिल पर बारिशे-इल्हाम[7] भी होती रही

आस्मानों से फ़रिश्ते भी उतरते ही रहे
नेक बन्दे भी ख़ुदा का काम करते ही रहे

इब्ने-मरियम[8] भी उठे, मूसा-ए-इम्रां[9] भी उठे
रामो-गौतम भी उठे, फ़िरऔनो-हामां[10] भी उठे

अहले-सैफ़[11] उठते रहे, अहले-किताब[12] आते रहे
ईजनाब उठते रहे, और आंजनाब आते रहे

हुक्मरां दिल पर रहे सदियों तलक असनाम[13] भी
अब्रे-रहमत[14] बन के छाया दह्र पर[15] इस्लाम भी

मस्जिदों में मौलवी ख़ुत्बे सुनाते ही रहे
मन्दिरों में बिरहमन अश्लोक गाते ही रहे

---

1. सुबह होने का सपना 2. सूर्य 3. आकाश पर 4. बुद्धि पर 5. अंधकार का 6. विफल प्रयास
7. देववाणी रूपी वर्षा 8. मरियम के बेटे (ईसा) 9. हज़रत मूसा 10. उद्दंड शासकों के नाम
11. तलवार के धनी 12. पवित्र धार्मिक ग्रन्थ रचने वाले (हज़रत मोहम्मद आदि) 13. मूर्तियां
14. कृपा का बादल 15. संसार पर

आदमी मिन्नतकशे - अर्बाबे - इफ़्ऱा ही रहा[1]
दर्दे - इनसानी मगर महरूमे - दर्मा[2] ही रहा

इक न इक दर पर जबीने-शौक़[3] घिसती ही रही
आदमियत ज़ुल्म की चक्की में पिसती ही रही

रहबरी जारी रही, पैग़म्बरी जारी रही
दीन के पर्दे में जंगे-ज़रगरी जारी रही

अहले-बातिन[4] इल्म से सीनों को गर्माते रहे
जिहूल के[5] तारीक साए हाथ फैलाते रहे

ये मुसलसल आफ़तें, ये यूरिशें[6], ये क़त्ले-आम
आदमी कब तक रहे औहामे-बातिल का[7] गुलाम

ज़ेह्ने-इनसानी ने[8] अब औहाम के ज़ुल्मात में[9]
ज़िन्दगी की सख़्त तूफ़ानी अंधेरी रात में

कुछ नहीं तो कम-से-कम ख़्वाबे-सहर[10] देखा तो है
जिस तरफ़ देखा न था अब तक उधर देखा तो है

---

1. देवताओं का कृपाकांक्षी 2. उपचार से वंचित 3. जिज्ञासा रूपी माथा 4. ब्रह्मज्ञानी 5. अज्ञानता के 6. आक्रमण 7. मिथ्या भ्रमों का 8. मानव-मस्तिष्क ने 9. भ्रमों के अँधेरों में 10 सुबह होने का सपना

इन्क़िलाब

छोड़ दे मुतरिब[1] बस अब लिल्लाह पीछा छोड़ दे
काम का ये वक़्त है, कुछ काम करने दे मुझे

तेरी तानों में है ज़ालिम किस क़यामत का असर
बिजलियाँ सी गिर रही हैं ख़िर्मने-इदराक[2] पर

ये ख़याल आता है रह - रहकर दिले-बेताब में
बह न जाऊँ फिर तिरे नग़मात[3] के सैलाब में

छोड़कर आया हूँ किस मुश्किल से मैं जामो-सुबू
आह किस दिल से किया है मैंने ख़ूने-आरजू

फिर शाबिस्ताने-तरब[4] की राह दिखलाता है तू
मुझ को करना चाहता है फिर ख़राबे-रंगो-बू

मैंने माना वज्द[5] में दुनिया को ला सकता है तू
मैंने ये माना ग़मे-हस्ती[6] मिटा सकता है तू

मैंने माना तेरी मौसीकी[7] है इतनी पुर-असर
झूम उठते हैं फ़रिश्ते तक तिरे नग़मात पर

---

1. गायक 2. विवेक रूपी खलिहान 3. गीत 4. आनन्द का शयन कक्ष 5. मस्ती/परम आनन्द में झूमना 6. जीवन का दुःख 7. संगीत

हाँ ये सच है ज़मज़मे[1] तेरे मचाते हैं वो धूम
झूम जाते हैं मनाज़िर, रक्स[2] करते हैं नुजूम[3]

तेरे ही नग़्मे से वाबस्ता निशाते - ज़िन्दगी[4]
तेरे ही नग़्मे से कैफ़ो - इन्बिसाते - ज़िन्दगी[5]

तेरी सौते - सरमदी[6] बाग़े - तसव्वुफ़ की बहार
तेरे ही नग़्मों से बेख़ुद आबिदे-शब ज़िन्दादार[7]

बुलबुलें नग़्मा-सरा हैं तेरी ही तक़लीद[8] में
तेरे ही नग़्मों से झूमें महफ़िले-नाहीद[9] में

मुझको तेरे सहरे-मूसीकी[10] से कब इंकार है?
मुझको तेरे लहने-दाऊदी[11] से कब इंकार है?

बज़्मे-हस्ती का मगर क्या रंग है, ये भी तो देख
हर ज़बाँ पर अब सलाए-जंग[12] है, ये भी तो देख

फ़र्के-गीती[13] से सुकूं अब मायले-परवाज़[14] है
अब्र[15] के पर्दों में साज़े-जंग[16] की आवाज़ है

फेंक दे ऐ दोस्त अब भी फेंक दे अपना रबाब[17]
उठने ही वाला है कोई दम में शोरे-इंक़लाब!

---

1. गीत 2. नृत्य 3. तारे 4. जीवन की खुशियाँ 5. जीवन का आनन्द और मस्ती 6. सूफ़ी सरमद जैसी आवाज़ 7. रातों को जाग कर इबादत करने वाला हमेशा जीवित रहता है 8. अनुकरण 9. वीनस, हुस्न व इश्क़ की देवी 10. संगीत का जादू 11. दाऊद पैग़म्बर की आवाज़ जो बहुत अच्छा गाते थे 12. युद्ध की पुकार 13. दुनिया का चेहरा 14. उड़ने को तैयार 15. बादल 16. जंग का वाद्य 17. एक संगीत वाद्य

आ रहे हैं जंग के बादल वो मंडलाते हुए
आग दामन में छुपाए, ख़ून बरसाते हुए

कोहो-सेहरा[1] में ज़मीं से ख़ून उबलेगा अभी
रंग के बदले गुलों से ख़ून टपकेगा अभी

बढ़ रहे हैं देख वो मज़दूर दरति हुए
इक जुनूं-अंगेज़[2] लय में जाने क्या गाते हुए

सरकशी की तुन्द आंधी दम बदम चढ़ती हुई
हर तरफ़ यलग़ार करती, हर तरफ़ बढ़ती हुई

भूक के मारे हुए इंसां की फ़रयादों के साथ
फ़ाक़ा मस्तों के जिलौ में,[3] ख़ाना-बर्बादों के साथ

ख़त्म हो जायेगा सरमायादारी[4] का निज़ाम[5]
रंग लाने को है मज़दूरों का जोशे-इंतक़ाम[6]

गिर पड़ेंगे ख़ौफ़ से ऐवाने-इश्रत के सुतूं[7]
ख़ून बन जाएगी शीशों में शराबे-लाला-गूँ[8]

---

1. पर्वत और जंगल 2. उन्माद को बढ़ाने वाली 3. साथ 4. पूँजीवाद 5. व्यवस्था 6. बदले
का जोश 7. विलासिता के महल के स्तम्भ 8. सुर्ख शराब

ख़ून की बू लेके जंगल से हवाएँ आएंगी
खूं ही खूं होगा-निगाहें जिस तरफ़ भी जाएंगी

झोंपड़ों में खूं, महल में खूं, शबिस्तानों[1] में खूं
दश्त[2] में खूं, वादियों में खूं, बयाबानों में खूं

पुर-सकूँ सहरा में खूं, बेताब दरियाओं में खूं
दैर[3] में खूं मस्जिदों में खूं, कलीसाओं[4] में खूं

खून के दरिया नज़र आएंगे हर मैदान में
डूब जाएंगी चटानें खून के तूफ़ान में

खून की रंगीनियों में डूब जाएगी बहार
रेगे-सहरा[5] पर नज़र आएंगे लाखों लाला-ज़ार[6]

खून से रंगीं फ़ज़ाएँ - बोस्तां[7] हो जाएंगी
नर्गिसे - मख़्मूर[8] चश्मे - खूं - फ़शां[9] हो जाएंगी

कोहसारो[10] की तरफ़ से 'सुर्ख़ आंधी' आएगी
जा-बजा आबादियों में आग सी लग जाएगी

तोड़ कर बेड़ी निकल आएंगे ज़िन्दां[11] से असीर[12]
भूल जाएंगे इबादत ख़ानक़ाहों में फ़क़ीर

हश्र-दर-आग़ोश[13] हो जाएगी दुनिया की फ़ज़ा
दौड़ता होगा हर इक जानिब फ़रिश्ता मौत का

---

1. शयन कक्षों 2. जंगल 3. मन्दिर 4. चर्च 5. मरुभूमि 6. फूलों के बाग़ 7. बाग़
8. नर्गिस का फूल जिसकी आकृति नशीली आँख जैसी होती है 9. खून बरसाती 10. पर्वत
शृंखला 11. जेल 12. क़ैदी 13. गोद में क़यामत लिये

सुर्ख़ होंगे ख़ून के छींटों से बामो-दर तमाम
ग़र्क़ होंगे आतिशीं - मलबूस[1] में मंज़र तमाम

इस तरह लेगा ज़माना जंग का ख़ूनीं सबक़
आसमां पर ख़ाक होगी, फ़र्क़[2] पर रंगे-शफ़क़[3]

और इस रंगे-शफ़क़ में बा-हज़ारां आफ़ताब[4]
जगमगाएगा वतन की हुर्रियत[5] का आफ़ताब।

---

1. आग जैसा परिधान 2. चेहरा 3. लालिमा का रंग 4. हज़ारों सूरज साथ लिये 5. आज़ादी

आहंगे-नौ[1]

ऐ जवानाने-वतन रूह जवां है तो उठो

आँख इस महशरे-नौ[2] की निगरां[3] है तो उठो

ख़ौफ़े - बेहुरमती - ओ- फ़िक्रे-ज़ियां[4] है तो उठो

पासे - नामूसे - निगाराने - जहां[5] है तो उठो

उठो नक़्क़ारा-ए-अफ़लाक[6] बजा दो उठकर

एक सोए हुए आलम को जगा दो उठकर

एक-इक सिम्त से शबख़ून[7] की तैयारी है

लुत्फ़[8] का वादा और मश्क़े - जफ़ाकारी[9] है

महफ़िले - ज़ीस्त पे फ़रमाने - क़ज़ा[10] जारी है

शहर तो शहर है, गाऊँ पे भी बमबारी है

ये फ़ज़ा में जो गरजते हुए तैयारे[11] हैं

बर-सरे-दोशे-हवा[12] मौत के हरकारे हैं

उस तरफ़ हाथ में शमशीरें[13] ही शमशीरें हैं

इस तरफ़ ज़हन में तदबीरें ही तदबीरें हैं

जुल्म पर जुल्म हैं, ताज़ीरों पे ताज़ीरें[14] हैं

सर पे तलवार है और पांव में ज़ंजीरें हैं

एक हो एक कि हंगामा-ए-महशर है यही

अर्सा-ए ज़ीस्त[15] का हंगामा-ए-अक्बर[16] है यही

---

1. नयी लय 2. नयी प्रलय 3. प्रहरी 4. अपमान का डर और बर्बादी की चिन्ता 5. दुनिया को सँवारने वालों के सम्मान का ख़याल 6. आसमानों रूपी नक़्क़ारा 7. रात के अँधेरे में किया जाने वाला आक्रमण 8. कृपा 9. अत्याचार करने का अभ्यास 10. ज़िन्दगी की महफ़िल पर मौत का फ़रमान 11. हवाई जहाज़ 12. हवा के कन्धों पर 13. तलवारें 14. सज़ाएँ 15.जीवन का कालचक्र 16. बड़ी क़यामत

अपनी सरहद पे जो अग़्यार[1] चले आते हैं
शौला अफ़शानो-शहरबार[2] चले आते हैं
ख़ून पीते हुए सरशार[3] चले आते हैं
तुम जो उठ जाओ तो बेकार चले आते हैं

ख़ून जो बह निकला है, उस ख़ूं में बहा दो इनको
इनकी खोदी हुई ख़ंदक़[4] में गिरा दो इनको

रंग - गुलहाए - गुलिस्ताने - वतन[5] तुम से है
शोरिशे - नारा - ए - ज़िन्दाने - वतन[6] तुम से है
नश्श - ए - नर्गिसे - ख़ूबाने - वतन[7] तुम से है
इफ़्फ़ते - माहे - जबीनाने - वतन[8] तुम से है

तुम हो ग़ैरत के अमीं[9], तुम हो शराफ़त के अमीं
और ये ख़तरे में हैं, एहसास तुम्हें हैं कि नहीं

ये दरिन्दे, ये शराफ़त के पुराने दुश्मन
तुम कि हो हामिले-आदाबो-रिवायाते-कुहन[10]
जादा-ए-पैमा के लिए ख़िज़्र[11] हो तुम, ये रहज़न[12]
तुम हो ख़िमन[13] के निगहबान, ये बर्के-ख़िरमन[14]

ख़ित्तः-ए पाक[15] में ज़िन्हार[16] न आने पाएँ
आ ही जाएँ जो ये, ज़िन्दा तो न जाने पाएँ

---

1. ग़ैर (बहुवचन) 2. शोले और चिंगारियाँ बरसाते हुए 3. मस्त 4. खाई 5. वतन के बाग
के फूलों का रंग 6. वतन के बन्दी घरों में बग़ावत का नारा 7. वतन की सुन्दरियों की आँखों
में नशा 8. वतन की चाँद जैसे ललाटवाली सुन्दरियों की इज़्ज़त 9. आत्मसम्मान के रक्षक
10. पुरानी परम्पराएँ और तौर तरीक़े मानने वाले 11. मार्ग दर्शक 12. लुटेरे 13. खलिहान
14. खलिहान को जलाने वाली बिजली 15. पवित्र धरती 16. हरगिज़

मर्दो-ज़न, पीरो-जवाँ इनके मज़ालिम के शिकार

ख़ूने-मासूम में डूबी हुई इनकी तलवार

ये क़्यामत के हवसनाक, ग़ज़ब के ख़ूँख़ार

इनके इस्यां[1] की न हद है, न जराइम का शुमार

ये तरहहुम[2] से न देखेंगे किसी की जानिब

इनकी तोपों के दहन[3] करदो इन्हीं की जानिब

ये तो हैं फ़ितना-ए-बेदार[4] दबा दो इनको

ये तमद्दुन[5] को मिटा देंगे, मिटा दो इनको

फूंक दो इनको, झुलस दो, कि जला दो इनको

शाने-शायाने-वतन[6] हो ये बता दो इनको

याद है तुम को किन असलाफ़[7] की तुम यादें हो

तुम तो ख़ालिद[8] के पिसर[9], भीम की औलादें हो

तुम तो तन्हा भी नहीं हो, कई दमसाज़[10] भी हैं

रूस के मर्द भी हैं, चीन के जांबाज़ भी हैं

कुछ न कुछ साथ फ़िरंगी-ए-फुसूँ-साज़[11] भी हैं

और हम जैसे बहुत ज़मज़मा-पर्दाज़[12] भी हैं

दूर इंसान के सर से ये मुसीबत कर दो

आग दौज़ख़ की बुझा दो, इसे जन्नत कर दो।

---

1. गुनाह 2. रहम, तरस 3. मुँह 4. जागी हुई प्रलय 5. संस्कृति 6. देश की शान के अनुरूप
7. पूर्वजों की 8. हज़रत मुहम्मद के एक साथी जो अपनी बहादुरी के लिए प्रसिद्ध हैं।
9. बेटा 10. साथी 11. जादू जगाने वाले फ़िरंगी 12. गीत गाने वाले

मजबूरियां

मैं आहें भर नहीं सकता कि नग़्मे गा नहीं सकता
सुकूं लेकिन मिरे दिल को मुयस्सर आ नहीं सकता

कोई नग़्मे तो क्या अब मुझसे मेरा साज़ भी ले ले
जो गाना चाहता हूँ आह, वो मैं गा नहीं सकता

मताए-सोज़ो-साज़े-ज़िन्दगी[1], पैमाना-ओ-बरबत[2]
मैं खुद को इन खिलौनों से भी अब बहला नहीं सकता

वो बादल सर पे छाए हैं कि सर से हट नहीं सकते
मिला है दर्द वो दिल को कि दिल से जा नहीं सकता

हवसकारी[3] है जुर्मे-ख़ुदकुशी मेरी शरीअत[4] में
ये हद्दे-आख़िरी है मैं यहाँ तक जा नहीं सकता

न तूफ़ां रोक सकते हैं न आंधी रोक सकती है
मगर फिर भी मैं उस क़स्रे-हसीं[5] तक जा नहीं सकता

वो मुझको चाहती है और मुझ तक आ नहीं सकती
मैं उसको पूजता हूँ और उसको पा नहीं सकता

ये मजबूरी सी मजबूरी, ये लाचारी सी लाचारी
कि उसके गीत भी जी खोलकर मैं गा नहीं सकता

---

1. जीवन के सोज़ और साज़ (दुख-सुख) की निधि 2. शराब का प्याला और बरबत (एक बाजा) 3. लोलुपता 4. धर्म 5. सुन्दर महल (प्रेयसी का)

ज़बां पर बेख़ुदी में नाम उसका आ ही जाता है
अगर पूछे कोई, ये कौन है ? बतला नहीं सकता

कहाँ तक क़िस्साए-आलामे-फ़ुर्क़त, मुख़्तसर ये है
यहाँ वो आ नहीं सकती, वहां मैं जा नहीं सकता

हदें वो खैंच रक्खी हैं हरम के पासबानों ने
कि बिन मुजरिम बने पैग़ाम भी पहुंचा नहीं सकता

आज की रात

देखना जज़्बे-मोहब्बत का[1] असर आज की रात

    मेरे शाने पे है उस शोख़ का सर आज की रात

और क्या चाहिए अब ऐ दिले-मजरूह[2] तुझे

    उसने देखा तो ब-अंदाज़े-दिगर[3] आज की रात

फूल क्या ख़ार[4] भी हैं आज गुलिस्तां-ब-किनार[5]

    संगरेज़े[6] हैं निगाहों में गुहर[7] आज की रात

महवे-गुलगब्त[8] है ये कौन मिरे दोश-ब-दोश[9]

    कहकशां[10] बन गई हर राहगुज़र आज की रात

शबनमिस्ताने-तजल्ली का[11] फुसूं[12] क्या कहिए

    चांद ने फैंक दिया रख़्ते-सफ़र[13] आज की रात

नूर ही नूर है, किस सिम्त उठाऊं आंखें

    हुस्न ही हुस्न है ताहद्दे-नज़र आज की रात

अल्ला-अल्लाह वो पेशानी-ए-सीमीं का[14] जमाल[15]

    रह गई जम के सितारों की नज़र आज की रात

आरिज़े - गर्म पे[16] वो रंगे - शफ़क़ की[17] लहरें

    वो मिरी शोख-निगाही का असर आज की रात

नर्गिसे-नाज में[18] वो नींद का हलका-सा खुमार

    वो मिरे नग़मए-शीरीं का[19] असर आज की रात

नग़्मा-ओ-मय का ये तूफ़ाने-तरब[20] क्या कहिए

---

1. प्रेम की भावना का 2. घायल हृदय 3. अन्य ढंग से (प्रेमपूर्वक) 4. कांटे 5. बाग़ को प्यारे
6. पत्थर के टुकड़े 7. मोती 8. पुष्प-विहार में तन्मय 9. कन्धे से कन्धा मिलाए हुए (साथ-साथ)
10. आकाश-गंगा 11. प्रेमिका के मुखड़े का 12. जादू 13. यात्रा की सामग्री 14. रजत माथे
का 15. रूप, सौन्दर्य 16. गर्म कपोलों पर 17. सान्ध्य लालिमा की 18. प्रेयसी की नर्गिसी
आँखों में 19. मधुर गीत का 20. हर्ष का तूफ़ान

घर मिरा बन गया 'ख़य्याम' का घर आज की रात

मेरी हर सांस पे वो उनकी तवज्जुह, क्या ख़ूब

मेरी हर बात पे वो जुंबिशे-सर[1] आज की रात

उफ़ वो वारफ़्तगी-ए-शौक़ में[2] इक वह्मे-लतीफ़[3]

कपकपाते हुए होंठों पे नज़र आज की रात

अपनी रिफ़अत पे[4] जो नाज़ां[5] हैं तो नाजां ही रहें

कह दो अंजुम से[6] कि देखें न इधर आज की रात

उनके अल्ताफ़ का[7] इतना ही फ़ुसूं[8] काफ़ी है

कम है पहले से बहुत दर्दे-जिगर आज की रात

---

1. सिर हिलाकर हामी भरना 2. प्रेमोन्माद में 3. सुन्दर भ्रम 4. उच्चता पर 5. गर्वित 6. सितारों से 7. कृपा का 8. जादू

उनका जश्ने-सालगिरह[1]

इक मजमा-ए-रंगीं में[2] वो घबराई हुई सी
बैठी है अजब नाज़ से शर्माई हुई सी
आँखों में हया लब पे[3] हँसी आई हुई सी

होंठों   पे   फ़िदा[4]   रूहे-बहारे-गुलो-नसरीं[5]
आँखों   की   चमक   रूकशे-बज़्मे-महो-परवीं[6]
पैराहने - ज़रतार में[7] इक   पैकरे - सीमीं[8]

लहरें सी वो लेता हुआ इक फूल का सेहरा
सेहरे में झमकता हुआ इक चांद सा चेहरा
इक रंग सा रुख पर[9] कभी हलका, कभी गहरा

हर   सांस   में अहसासे-फ़ुरावां   की[10]   कहानी
ख़ामोशी-ए-महजूब   में[11]   इक   सैले-मआनी[12]
जज़्बात के तूफ़ां में है दोशीज़ा[13] जवानी

फ़ितरत नए जज़्बात के दर[14] खोल रही है
मीज़ाने - जवानी में[15] इसे तोल रही है
लव साकित-ओ-सामत[16] हैं, नज़र बोल रही है

---

1. वर्षगांठ का उत्सव 2. रंगीन जनसमूह में 3. होंठों पर 4. न्योछावर 5. फूलों की बहार की आत्मा 6. चाँद-तारों की सभा को शरमाने वाली 7. सोने के तारों से बने लिबास में 8. चाँदी की प्रतिमा 9. चेहरे पर 10. अनुभूतियों के आधिक्य की 11. संकुचित मौन में 12. अर्थों की बाढ़ 13. सुकुमार 14. दरवाज़े 15. जवानी की तराजू में 16. मौन, स्थिर

सरशार[1] निगाहों में हया झूम रही है
हैं रक़्स[2] में अफ़लाक[3], जमीं घूम रही है
शायर की वफ़ा बढ़ के क़दम चूम रही है

ऐ तू कि तेरे दम से मिरी ज़मज़मा-ख़्वानी[4]
हो तुझको मुबारक ये तिरी नूरे-जहानी[5]
अफ़कार से महफ़ूज़[6] रहे तेरी जवानी

छलके तिरी आँखों से शराब और ज़ियादा
महकें तिरे आरिज़के[7] गुलाब और ज़ियादा
अल्लाह करे ज़ोरे - शबाब[8] और ज़ियादा

---

1. उन्मत्त 2. नृत्य 3. सातों आसमान 4. गायन 5. संसार को प्रकाशमान करना 6. चिन्ताओं से सुरक्षित 7. कपोलों के 8. यौवन का ज़ोर

वतन आशोब[1]

सब्ज़ा-ओ-बर्गो-लाला-ओ-सर्वो-समन को[2] क्या हुआ

सारा चमन उदास है, हाय चमन को क्या हुआ

एक सुकूत[3] हर तरफ़ होश-रुबा-ओ-हौलनाक[4]

ख़ुल्दे-वतन के[5] पासबां, ख़ुल्दे-वतन को क्या हुआ

रक़्से-तरब[6] किधर गया, नग़्मा-तराज़[7] क्या हुए

ग़म्ज़ा-ओ-नाज़[8] क्या हुए अश्वा-ओ-फ़न[9] को क्या हुआ

जिसकी नवाए-दिलसितां[10] ज़मज़मा-ए-साज़े-शौक़[11] थी

कोई बताओ उस बुते-गुंचा-दहन को[12] क्या हुआ

छाई है क्यों फ़सुर्दगी[13] आलमे-हुस्नो-इश्क़ पर[14]

आज वो 'नल' किधर गये आज 'दमन'[15] को क्या हुआ

आँखों में ख़ौफ़ो यास[16] है चेहरा उदास-उदास है

अस्रे-रवां की[17] लैला-ए-बुर्क़ा फ़िगन को[18] क्या हुआ

आह ख़िरद[19] किधर गयी, आह जुनूं ने[20] क्या किया

आह शबाबे-ख़ूगरे-दारो-रसन को[21] क्या हुआ

---

1. अशान्ति, कोलाहल 2. फूल-पत्ती आदि (देशवासियों) को 3. चुप्पी 4. होश उड़ाने वाला, भयंकर 5. देश रूपी स्वर्ग के 6. खुशी का नाच 7. गायक 8, 9. हाव-भाव इत्यादि 10. हृदयाकर्षक स्वर 11. इश्क़ के साज़ का मधुर संगीत 12. कली जैसे मुँह वाली सुन्दरी को 13. उदासी 14. सौन्दर्य तथा प्रेम के संसार पर 15. दमयंती 16. भय तथा निराशा 17. आधुनिक काल की 18. उस लैला को जिसने चेहरे पर से नक़ाब उतार रखा है 19. बुद्धि 20. उन्माद ने 21. सूली और फाँसी के अभ्यस्त यौवन को

कोई बताए अज़्मते - ख़ाके - वतन[1] कहां है अब
कोई बताए ग़ैरते - अहले - वतन को[2] क्या हुआ
कोह[3] वही, दमन[4] वही, दश्त[5] वही, चमन वही
फिर ये 'मजाज़' जज़्बए - हुब्बे - वतन को[6] क्या हुआ

(1950)

बोल ! अरी ओ धरती बोल !

बोल ! अरी ओ धरती बोल !
राज   सिंहासन   डाँवांडोल

बादल बिजली रैन अंधियारी   दुख की मारी परजा सारी
बूढ़े-बच्चे सब दुखिया हैं   दुखिया नर हैं दुखिया नारी
बस्ती-बस्ती लूट मची है   सब बनिए हैं सब ब्योपारी
बोल ! अरी ओ धरती बोल !
राज   सिंहासन   डाँवांडोल

कलजुग में जग के रखवाले   चांदी वाले सोने वाले
देसी हों या परदेसी हों   नीले,   पीले, गोरे, काले
मक्खी, भुनगे भिन-भिन करते ढूंढ़े हैं मकड़ी के जाले
बोल ! अरी ओ धरती बोल !
राज   सिंहासन   डाँवांडोल

---

1. देश की मिट्टी की महानता 2. देशवासियों के स्वाभिमान को 3. पहाड़ 4. वीराने 5. जंगल
6. देश-प्रेम की भावना को

क्या अफरंगी, क्या तातारी[1]   आंख बची और बरछी मारी
कब तक जनता की बेचैनी   कब तक जनता की बेज़ारी
कब तक सर्माए के धंधे   कब तक ये सर्मायादारी
बोल ! अरी ओ धरती बोल !
राज   सिंहासन   डाँवांडोल

नामी और मशहूर नहीं हम   लेकिन क्या मज़दूर नहीं हम
धोका और मज़दूरों को दें   ऐसे तो मजबूर नहीं हम
मंज़िल अपने पांव के नीचे   मंज़िल से अब दूर नहीं हम
बोल ! अरी ओ धरती बोल !
राज   सिंहासन   डाँवांडोल

बोल कि तेरी ख़िदमत की है   बोल कि तेरा काम किया है
बोल कि तेरे फल खाए हैं   बोल कि तेरा दूध पिया है
बोल कि हमने हश्र[2] उठाया बोल कि हमसे हश्र उठा है
बोल कि हमसे जागी दुनिया
बोल कि हमसे जागी धरती
बोल ! अरी ओ धरती बोल !
राज   सिंहासन   डाँवांडोल

(1945)

---

1. तुर्किस्तान निवासी 2. प्रलय, तूफ़ान

हमारा झंडा

शेर हैं, चलते हैं दरते हुए बादलों की तरह मंडलाते हुए
ज़िंदगी की रागनी गाते हुए
लाल झंडा है हमारे हाथ में

हाँ, ये सच है भूख से हैरान हैं पर ये मत समझो कि हम बेजान हैं
इस बुरी हालत में भी तूफ़ान हैं
लाल झंडा है हमारे हाथ में

हम हैं वो जो बेरुख़ी करते नहीं हम हैं वो जो मौत से डरते नहीं
हम हैं वो जो मर के भी मरते नहीं
लाल झंडा है हमारे हाथ में

चैन से महलों में रहते नहीं ऐश की गंगा में हम बहते नहीं
भेद दुश्मन से कभी कहते नहीं
लाल झंडा है हमारे हाथ में

जानते हैं एक लश्कर आयेगा तोप दिखला कर हमें धमकाएगा
पर ये झंडा भी यूँ ही लहरायेगा
लाल झंडा है हमारे हाथ में

कब भला धमकी से घबराते हैं हम दिल में जो होता है, कह जाते हैं हम
आस्मां हिलता है जब गाते हैं हम
लाल झंडा है हमारे हाथ में

लाख लश्कर आयें, कब हिलते हैं हम आँधियों में जंग की खुलते हैं हम
मौत से हँस कर गले मिलते हैं हम
लाल झंडा है हमारे हाथ में।

मज़दूरों का गीत

मेहनत से माना चूर हैं हम आराम से कोसों दूर हैं हम
पर लड़ने पर मजबूर हैं हम
मज़दूर हैं हम! मज़दूर हैं हम!

गो आफ़तो-ग़म के मारे हैं हम ख़ाक नहीं हैं, तारे हैं
इस जग के राजदुलारे हैं
मज़दूर हैं हम! मज़दूर हैं हम!

बनने की तमन्ना रखते हैं मिटने का कलेजा रखते हैं
सरकश हैं, सर ऊँचा रखते हैं
मज़दूर हैं हम! मज़दूर हैं हम!

हरचंद कि हैं इदबार में[1] हम कहते हैं खुले बाज़ार में हम
हैं सबसे बड़े संसार में हम
मज़दूर हैं हम! मज़दूर हैं हम!

जिस सिम्त बढ़ा देते हैं क़दम झुक जाते हैं शाहों के परचम
सावंत हैं हम, बलवंत हैं हम
मज़दूर हैं हम! मज़दूर हैं हम!

गो जान पे लाखों बार बनी कर गुज़रे मगर जो जी में ठनी
हम दिल के खरे, बातों के धनी
मज़दूर हैं हम! मज़दूर हैं हम!

---

1. बदक़िस्मती में

हम क्या हैं, कभी दिखला देंगे हम नज़्मे-कुहन[1] को ढा देंगे
हम अर्ज़ो-समा[2] को हिला देंगे
मज़दूर हैं हम! मज़दूर हैं हम!

हम जिस्म में ताक़त रखते हैं सीनों में हरारत[3] रखते हैं
हम अज़्मे-बग़ावत[4] रखते हैं
मज़दूर हैं हम! मज़दूर हैं हम!

जिस रोज़ बग़ावत कर देंगे दुनिया में क़यामत कर देंगे
ख़्वाबों को हक़ीक़त कर देंगे
मज़दूर हैं हम! मज़दूर हैं हम!

हम क़ब्ज़ा करेंगे दफ़्तर पर हम वार करेंगे क़ैसर[5] पर
हम टूट पड़ेंगे लश्कर पर
मज़दूर हैं हम! मज़दूर हैं हम!

---

1. पुरानी व्यवस्था 2. ज़मीन-आसमान 3. गर्मी 4. बग़ावत का इरादा 5. शासक

नग़्म-ए-टैगोर

('गार्डनर' से तर्जुमां)

मैंने हंगामे - सुबह[1] ऐ दुनिया
तेरे गुलशन से एक गुल तोड़ा
अपने सीने पे दी जगह उसको
चुभ गया दिल में लेकिन इक कांटा
शाम होते ही मैंने ये देखा
गुल था पज़मुर्दा[2], दर्द बाक़ी था
हुस्नो-खुश्बू में इक से इक बढ़कर
और भी होंगे तुझमें गुल पैदा
मेरी गुलचीनियों[3] का वक़्त मगर
एक मुद्दत हुई कि ख़त्म हुआ

और अब, जबकि रात तारी[4] है
गुल नहीं पास, दर्द बाक़ी है

(1932)

---

1. सुबह के वक्त 2. मुरझाया हुआ 3. फूल चुनने का 4. घिरी हुई

रात और रेल

फिर चली है रेल इस्टेशन से लहराती हुई

नीम-शब की[1] ख़ामुशी में ज़ेरे-लब[2] गाती हुई

डगमगाती, झूमती, सीटी बजाती, खेलती

वादी-ओ-कुहसार की[3] ठंडी हवा खाती हुई

तेज़ झोंकों में वो छम-छम का सरोदे-दिलनशीं[4]

आंधियों में मेंह बरसने की सदा[5] आती हुई

जैसे मौजों का तरन्नुम[6] जैसे जल-परियों के गीत

एक-इक लै में हज़ारों ज़मज़मे[7] गाती हुई

नौनिहालों को सुनाती मीठी-मीठी लोरियां

नाज़नीनों को[8] सुनहरे ख़्वाब दिखलाती हुई

ठोकरें खाकर, लचकती, गुनगुनाती, झूमती

सरख़ुशी में घुंघरुओं की ताल पर गाती हुई

नाज़ से हर मोड़ पर खाती हुई सौ पेचो-ख़म[9]

इक दुल्हन अपनी अदा से आप शरमाती हुई

रात की तारीकियों में[10] झिलमिलाती, कांपती

पटरियों पर दूर तक सीमाब[11] छलकाती हुई

जैसे आधी रात को निकली हो इक शाही बरात

शादियानों की[12] सदा से वज्द में[13] आती हुई

मुन्तशिर करके[14] फ़ज़ा में जा-ब-जा चिनगारियां

दामने-मौजे-हवा में[15] फूल बरसाती हुई

---

1. आधी रात की 2. होंठों ही होंठों में 3. घाटियों और पर्वतों की 4. हृदयस्पर्शी संगीत
5. आवाज़ 6. गुंजार, संगीत 7. गीत 8. सुकुमारियों को 9. बल 10. अँधेरों में 11. पारा
12. बाजों की 13. मस्ती में 14. बिखेरकर 15. वायु की लहरों के आँचल में

तेज़तर होती हुई मंज़िल-ब-मंज़िल दम-ब-दम

रफ़्ता-रफ़्ता अपना असली रूप दिखलाती हुई

सीना-ए-कुहसार पर[1] चढ़ती हुई बेइख़्तियार

एक नागन जिस तरह मस्ती में लहराती हुई

इक सितारा टूटकर जैसे रवां[2] हो अर्श पर[3]

रिफ़्अते-कुहसार से[4] मैदान में आती हुई

इक बगूले की तरह बढ़ती हुई मैदान में

जंगलों में आंधियों का ज़ोर दिखलाती हुई

याद आ जाए पुराने देवताओं का जलाल[5]

इन क़ियामत-ख़ेज़ियों के[6] साथ बल खाती हुई

एक रख़्शे-बेइनां[7] की बर्क़-रफ़्तारी के[8] साथ

ख़ंदकों को फांदती, टीलों से कतराती हुई

मुर्ग़ज़ारों में[9] दिखाती जूए-शीरीं का[10] ख़िराम[11]

वादियों में अब्र के[12] मानिंद मंडलाती हुई

इक पहाड़ी पर दिखाती आबशारों की झलक

इक बियाबां में चिराग़े-तूर[13] दिखलाती हुई

जुस्तजू में मंज़िले-मक़सूद की दीवानावार

अपना सर धुनती, फ़ज़ा में बाल बिखराती हुई

छेड़ती इक वज्द के आलम में साज़े-सरमदी[14]

ग़ैज़ के आलम में[15] मुंह से आग बरसाती हुई

---

1. पर्वत की छाती पर 2. गतिशील 3. आकाश पर 4. पर्वत के शिखर पर से 5. तेज़ 6. प्रलयकारियों के 7. ऐसा घोड़ा जिसके मुँह में लगाम न हो 8. बिजली की सी तेज़ी के 9. हरे-भरे जंगलों में 10. मीठे पानी की नदी का 11. मंद गति 12. बादलों के 13. तूर नामक पहाड़ पर चमकता दीपक, प्रथा है कि वहाँ हज़रत ईसा से खुदा का बिजली के संकेतों द्वारा वार्तालाप हुआ था 14. अमर संगीत 15. क्रोध या प्रकोप की स्थिति में

रेंगती, मुड़ती, मचलती, तिलमिलाती, हांपती
अपने दिल की आतिशे-पिन्हां को[1] भड़काती हुई
खुद-ब-खुद रूठी हुई, बिफरी हुई, बिखरी हुई
शोरे-पैहम से[2] दिले-गेती को[3] धड़काती हुई
पुल पे दरिया के दमादम कौंदती ललकारती
अपनी इस तूफ़ान-अंगेज़ी पे इतराती हुई
पेश करती बीच नद्दी में चिराग़ां का[4] समां
साहिलों पर रेत के ज़र्रों को चमकाती हुई
मुंह में घुसती है सुरंगों के यकायक दौड़कर
दनदनाती, चीख़ती, चिंघाड़ती गाती हुई
आगे-आगे जुस्तजू-आमेज़[5] नज़रें डालती
शब के हैबतनाक[6] नज़्ज़ारों से घबराती हुई
एक मुजरिम की तरह सहमी हुई, सिमटी हुई
एक मुफ़लिस की तरह सर्दी में थर्राती हुई
तेज़ी-ए-रफ़्तार के सिक्के जमाती जा-ब-जा[7]
दश्तो-दर में[8] ज़िन्दगी की लहर दौड़ाती हुई
सफ़्हा-ए-दिल से[9] मिटाती अहदे-माज़ी के[10] नुक़ूश[11]
हालो-मुस्तक़बिल के[12] दिलकश ख़्वाब दिखलाती हुई
डालती बेदिस चटानों पर हिक़ारत की नज़र
कोह पर हँसती फ़लक को[13] आंख दिखलाती हुई
दामने-तारीकी-ए-शब की[14] उड़ाती धज्जियां
क़स्रे-ज़ुल्मत पर[15] मुसलसल तीर बरसाती हुई

---

1. निहित ज्वाला को 2. निरन्तर शोर से 3. संसार के हृदय को 4. दीपमाला का 5. जिज्ञासापूर्ण
6. भयानक 7. जगह-जगह 8. जंगलों और आबादियों में 9. हृदय-रूपी पृष्ठ पर से 10. भूतकाल
के 11. चित्र 12. वर्तमान तथा भविष्य के 13. आकाश को 14. रात के अंधकार के आँचल
की 15. अंधकार के महल पर

ज़द में कोई चीज़ आ जाए तो उसको पीसकर
    इर्तिक़ा ए-ज़िन्दगी के[1] राज़ बतलाती हुई
जो'म में[2] पेशानी-ए-सहरा पे[3] ठोकर मारती
    फिर सुबक-रफ़्तारियों के[4] नाज़ दिखलाती हुई
एक सरकश फ़ौज की सूरत अ़लम[5] खोले हुए
    एक तूफ़ानी गरज के साथ दर्राती हुई
हर क़दम पर तोप की-सी घन-गरज के साथ-साथ
    गोलियों की सनसनाहट की सदा आती हुई
वो हवा में सैकड़ों जंगी दुहल[6] बजते हुए
    वो बिगुल की जांफ़ज़ा आवाज़ लहराती हुई
अलग़रज[7] उड़ती चली जाती है बेख़ौफ़ी-ख़तर
    शायरे-आतिश-नफ़स का[8] खून खौलाती हुई

---

1. जीवन के विकास के 2. गर्व में 3. मरुस्थल के माथे पर 4. मंद गति के 5. पताका
6. ढोल, नक़्क़ारे 7. तात्पर्य यह कि 8. अग्नि-भाषी कवि का

शौके-गुरेज़ां[1]

दैरो-का'बा[2] का मैं नहीं क़ाइल

दैरो-का'बा को आस्तां[3] न बना

मुझमें तू रूहे-सरमदी[4] मत फूंक

रौनक़े - बज़्मे - आरिफ़ां[5] न बना

दश्ते - ज़ुल्मात में[6] भटकने दे

मेरी राहों को कहकशां[7] न बना

इश्रते-जह्लो-तीरगी[8] मत छीन

महरमे - राज़े - दो - जहाँ[9] न बना

बिजलियों से जहाँ न हो चश्मक[10]

उस गुलिस्तां में आशियां न बना

मेरी जानिब निगाहे-लुत्फ़ न कर

ग़म को इस दर्जा कामरां[11] न बना

इस ज़मीं को ज़मीं ही रहने दे

इस ज़मीं को तू आस्मां न बना

राज़ तेरा छुपा नहीं सकता

मुझे तू अपना राज़दां न बना

---

1. विरक्ति की आकांक्षा 2. मन्दिर और का'बा (मस्जिद) 3. पूजनीय चौखट, दहलीज़ 4. अनश्वर आत्मा 5. ब्रह्मज्ञानियों की सभा की शोभा 6. अंधकार (अज्ञान) के जंगल में 7. आकाश-गंगा 8. अज्ञानता का आनन्द 9. दोनों लोकों के रहस्य का जानकार 10. लाग-डांट 11. सफल

इधर भी आ

ये जह्दो-कश्मकश[1], ये ख़ुरोशे-जहाँ[2] भी देख
इदबार की[3] सरों पे घनी बदलियां भी देख
ये तोप, ये तुफ़्रंग, ये तेग़ो-सिनां[4] भी देख
    ओ कुश्ता-ए-निगारे-दिल-आरा[5] इधर भी आ

आ और बिगुल का नग़्मा-ए-जांआफ़री[6] भी सुन
आ बेकसों का नाला-ए-अंदोहगा[7] भी सुन
आ बाग़ियों का ज़मज़मा-ए-आतशिं[8] भी सुन
    ओ मस्ते-साज़ो-बरबतो-नग़्मा[9] इधर भी आ

तक़्दीर कुछ हो, काविशे-तद्बीर[10] भी तो है
तख़रीब के[11] लिबास में ता'मीर[12] भी तो है
ज़ुल्मात के[13] हिजाब में[14] तन्वीर[15] भी तो है
    आ मुंतज़िर है इश्रते-फ़र्दा[16] इधर भी आ

---

1. पराक्रम और संघर्ष 2. संसार का कोलाहल 3. संकटों की 4. तलवार और तीर की नोक
5. हृदयाकर्षक प्रेयसी द्वारा आहत 6. जीवन-वर्धक गीत 7. आर्त्तनाद 8. अग्निमय गीत
9. साज़-संगीत में मस्त 10. उपाय-सम्बन्धी परिश्रम 11. विनाश के 12. निर्माण 13. अंधकार
के 14. पर्दे में 15. प्रकाश, ज्योति 16. आगामी कल का सुख-वैभव

मेहमान

आज की रात और बाक़ी है

कल तो जाना ही है सफ़र पे मुझे

ज़िन्दगी मुंतज़िर है मुंह फाड़े

ज़िन्दगी, ख़ाको-ख़ून में लथड़ी

आँख में शो'ला-हाय-तुंद[1] लिये

दो घड़ी ख़ुद को शादमां[2] कर लें

आज की रात और बाक़ी है

चलने ही को है इक समूम[3] अभी

रक़्स - फ़र्मा[4] है रूहे - बर्बादी[5]

बरबरीयत के[6] कारवानों से

ज़लज़ले में है सीना - ए - गेती[7]

ज़ौक़े-पिनूहां को[8] कामरां[9] कर लें

आज की रात और बाक़ी है

एक पैमाना - ए - मए - सरजोश[10]

लुत्फ़े-गुफ़्तार[11], गर्मी - ए - आग़ोश[12]

वासे—इस दर्जा आतशीं बोसे[13]

फूंक डालें जो मेरी किश्ते-होश[14]

रूह यख़बस्ता[15] है तपां[16] कर लें

आज की रात और बाक़ी है

---

1. भड़कते शोले 2. आह्लादित 3. विषाक्त वायु 4. नृत्यशील 5. ध्वंस की आत्मा 6. बर्बरता के 7. संसार की छाती 8. निहित आकाँक्षा को 9. सफल 10. तेज़ शराब का प्याला 11. वार्तालाप का आनन्द 12. आलिंगन की गर्मी 13. अग्निमय (गर्म) चुम्बन 14. चेतना की किश्ती 15. ठंडी, जमी हुई 16. गर्म

एक दो और साग़रे - सरशार[1]

फिर तो होना ही है मुझे हुशियार

छेड़ना ही है साज़े-ज़ीस्त[2] मुझे

आग बरसाएंगे लबे - गुफ़्तार[3]

कुछ तबीयत तो हम रवां कर लें

आज की रात और बाक़ी है

फिर कहाँ ये हसीं सुहानी रात

ये फ़राग़त[4], ये कैफ़ के[5] लम्हात[6]

कुछ तो आसूदगी-ए-ज़ौक़े-निहां[7]

कुछ तो तस्कीने-शोरिशे-जज़्बात[8]

आज की रात जाविदां[9] कर लें

आज की रात और आज की रात

---

1. शराब का लबालब भरा हुआ प्याला 2. जीवन-संगीत 3. बात करनेवाले होंठ 4. अवकाश
5. मादकता के 6. क्षण 7. निहित पिपासा की तृप्ति 8. अशान्त मनोभावों की तुष्टि
9. शाश्वत, अमर

शहरे-निगार[1]

रुख़सत ऐ हम-सफ़रो ! शहरे-निगार आ ही गया

    ख़ुल्द[2] भी जिस पे हो क़ुर्बा वो दियार[3] आ ही गया

ये जुनूंज़ार[4] मिरा, मेरे ग़ज़ालों का[5] जहाँ

    मेरा 'नज्द' आ ही गया, मेरा 'ततार' आ ही गया

गेसुओं वालों में, अबरू के[6] कमांदारों में

    एक सैद[7] आ ही गया, एक शिकार आ ही गया

बाग़बानों को बताओ गुलो-नसरीं से[8] कहो

    इक ख़राबे-गुलो-नसरीने-बहार आ ही गया

ख़ैर-मक़्दम को[9] मिरे कोई ब-हंगामे-सहर[10]

    अपनी आँखों में लिये शब का ख़ुमार आ ही गया

जुल्फ़ का[11] अब्रे-सियह[12] बाजुए-सीमीं पे[13] लिये

    फिर कोई ज़मज़मए-साज़े-बहार[14] आ ही गया

हो गई तश्ना-लबी[15] आज रहीने-कौसर[16]

    मेरे लब पर लबे-लालीने-निगार[17] आ ही गया

---

1. प्रेयसी का नगर 2. स्वर्ग 3. शहर, नगर 4. उन्माद-स्थल 5. मृगनयनी सुन्दरियों का 6. भृकुटी के 7. आखेट 8. फूलों से 9. स्वागत को 10. प्रातःकाल 11. केशों का 12. काला बादल 13. रजत बांहों पर 14. वसन्तरूपी साज़ को छेड़ता हुआ 15. तृष्णा 16. स्वर्ग की अमृत-नदी की कृतज्ञ 17. प्रेयसी के लाल होंठ

हुस्न-ओ-इश्क़

मुझसे मत पूछ 'मिरे हुस्न में क्या रक्खा है ?'
   आँख से पर्दा-ए-जुल्मात[1] उठा रक्खा है
मेरी दुनिया कि मिरे ग़म से जहन्नुम-बरदोश[2]
   तूने दुनिया को भी फ़िर्दौस[3] बना रक्खा है

मुझसे मत पूछ 'तिरे इश्क़ में क्या रक्खा है ?'
   सोज़ को साज़ के पर्दे में छुपा रक्खा है
जगमगा उठती है दुनिया-ए-तख़ैयुल[4] जिससे
   दिल में वो शो'ला - ए - जांसोज़[5] दबा रक्खा है

---

1. अँधेरे का पर्दा 2. कन्धे पर नरक लिये (नरक-समान) 3. स्वर्ग 4. कल्पनाओं की दुनिया
5. जान को जला डालने वाला शो'ला

फ़िक्र

नहीं हरचंद किसी गुमशुदा जन्नत की तलाश
इक न इक ख़ुल्दे-तरबनाक का[1] अमां है ज़रूर
बज़्मे-दोशीना की[2] हसरत तो नहीं है मुझको
मेरी नज़रों में कोई और शबिस्तां[3] है ज़रूर

मिट के, बबिद-जहाँ होके, सभी कुछ खोके
बात क्या है किज़ियां का[4] कोई एहसास नहीं
कारफ़र्मा[5] है कोई ताज़ा जुनूने - ता'मीर[6]
दिले - मुज़्तर[7] अभी आमाजगहे - यास नहीं[8]

ताज़ा-दम भी हूँ मगर फिर ये तक़ाजा क्यों है
हाथ रख दे मिरे माथे पे कोई ज़ोहरा-जबीं[9]
एक आग़ोशे-हसीं[10] शौक़ की[11] मे'राज[12] है क्या
क्या यही है असरे-नाला-ए-दिल-हाए-हज़ीं[13]

महवशों का[14] तरब-अंगेज़[15] तबस्सुम[16] क्या है
है तो सब कुछ ये मगर ख़्वाब-असर[17] क्यों हो जाए
हुस्न की जलवागहे-नाज़ का अफ़सूं[18] तसलीम[19]
यही क़ुर्बानगहे-अर्बिबे-नज़र[20] क्यों हो जाए

---

1. आनन्दमय स्वर्ग का 2. पिछली रात वाली महफ़िल की 3. शयनागार 4. हानि का 5. काम करने वाला 6. निर्माणोन्माद 7. आतुर मन 8. निराशा के लक्षित चिह्न पर नहीं पहुँचा 9. सितारे जैसे (प्रकाशमान) माथे वाली (अलौकिक सुन्दरी) 10. सुन्दर गोद 11. इश्क़ की 12. पराकाष्ठा 13. शोकाकुल हृदय के आर्त्तनाद का असर 14. चाँद-जैसी सुन्दरियों का 15. हर्षोत्पादक 16. मुस्कुराहट 17. सपने का-सा प्रभाव रखनेवाला 18. जादू 19. स्वीकार 20. पारखियों का बलि-घर

मैंने सोचा था कि दुश्वार है मंज़िल अपनी
इक हसीं बाज़ुए-सीमीं[1] का सहारा भी तो हो
दश्ते-ज़ुल्मात से[2] आख़िर को गुज़रना है मुझे
कोई रुख़्शंदा-ओ-ताबिंदा[3] सितारा भी तो हो

आग को किसने गुलिस्तां न बनाना चाहा
जल बुझे कितने ख़लील[4], आग गुलिस्तां न बनी
टूट जाना दरे-ज़िन्दां का[5] तो दुश्वार न था
ख़ुद-ज़ुलैख़ा[6] ही रफ़ीक़े-महे-किनुआं न बनी

ब-ई इनुआमे-वफ़ा[7], उफ़ ये तक़ाज़ाए-ह्यात[8]
ज़िंदगी वक़्फ़े-ग़मे-ख़ाक-नशीनां[9] कर दे
ख़ूने-दिल की कोई क़ीमत जो नहीं है तो न हो
ख़ूने-दिल नज़्रे-चमनबंदी-ए-दौरां[10] कर दे

---

1. रजत बाँह 2. अँधेरे के जंगल से 3. उज्ज्वल और प्रकाशमान 4. इब्राहिम (पैग़म्बर)
5. कारागार के दरवाज़े का 6. मिस्र देश के बादशाह 'अज़ीज़' की स्त्री जो (सुन्दरता के देवता)
हज़रत यूसुफ़ पर मुग्ध हो गयी थी 7. वफ़ा करने का यह पुरस्कार 8. जीवन की माँग
9. मनुष्य मात्र के दुःखों को समर्पित 10. संसार के सुन्दर सुधार को समर्पण

मुझे जाना है इक दिन !

मुझे जाना है इक दिन बज़्मे-नाज़ से[1] आख़िर
अभी फिर दर्द टपकेगा मिरी आवाज़ से आख़िर
अभी फिर आग उट्ठेगी शिकस्ता[2] साज़ से आख़िर
    मुझे जाना है इक दिन, तेरी बज़्मे-नाज़ से आख़िर

अभी तो हुस्न के पैरों पे है जब्रे-हिना-बंदी[3]
अभी है इश्क़ पर आईने-फ़र्सूदा की[4] पाबंदी
अभी हावी है अक़्लो-रूह पर झूठी ख़ुदावंदी
    मुझे जाना है इक दिन, तेरी बज़्मे-नाज़ से आख़िर

अभी तहज़ीब अद्लो-हक़ की[5] कश्ती खे नहीं सकती
अभी ये ज़िन्दगी दादे-सदाक़त दे नहीं सकती[6]
अभी इन्सानियत दौलत से टक्कर ले नहीं सकती
    मुझे जाना है इक दिन, तेरी बज़्मे-नाज़ से आख़िर

अभी तो कायनात[7] औहाम का[8] इक कारख़ाना है
अभी धोका हक़ीक़त[9] है, हक़ीक़त इक फ़साना है
अभी तो ज़िन्दगी को ज़िन्दगी करके दिखाना है
    मुझे जाना है इक दिन, तेरी बज़्मे-नाज़ से आख़िर

---

1. नाज़ों भरी महफ़िल से 2. टूटे हुए 3. मेहंदी लगाने पर प्रतिबंध 4. जीर्ण व्यवस्था की
5. न्याय और सत्य की 6. सत्य की प्रशंसा नहीं कर सकती 7. ब्रह्मांड 8. भ्रमों का
9. वास्तविकता

अभी हैं शहर की तारीक़[1] गलियां मुंतज़िर मेरी
अभी है इक हसीं तहरीके - तूफ़ाँ[2] मुंतज़िर मेरी
अभी शायद है इक ज़ंजीरे - ज़िंदा[3] मुंतज़िर मेरी
    मुझे जाना है इक दिन, तेरी बज़्मे-नाज़ से आख़िर

अभी तो फ़ाक़ाकश इनसान से आँखें मिलाना है
अभी झुलसे हुए चेहरों पे अश्के-ख़ूं[4] बहाना है
अभी पामाले-जौर[5] आदम को[6] सीने से लगाना है
    मुझे जाना है इक दिन, तेरी बज़्मे-नाज़ से आख़िर

अभी हर दुश्मने-नज़्मे-कुहन के[7] गीत गाना है
अभी हर लश्करे-ज़ुल्मत-शिकन के[8] गीत गाना है
अभी खुद-सर फ़रोशाने-वतन के गीत गाना है
    मुझे जाना है इक दिन, तेरी बज़्मे-नाज़ से आख़िर

कोई दम में हयाते-नौ का[9] फिर परचम[10] उठाता हूँ
बाईमाए-हमीयत[11] जान की बाज़ी लगाता हूँ
मैं जाऊंगा, मैं जाऊंगा, मैं जाता हूँ, मैं जाता हूँ
    मुझे जाना है इक दिन, तेरी बज़्मे-नाज़ से आख़िर

(1945)

---

1. अँधेरी 2. तूफ़ान (क्रांति) का आन्दोलन 3. कारागार की ज़ंजीर 4. खून के आँसू
5. अत्याचार-पीड़ित 6. मानव को 7. जीर्ण व्यवस्था के शत्रु के 8. अंधकार दूर करने वाली
सेना के 9. नव जीवन का 10. पताका 11. आत्म-सम्मान की रक्षा के लिए

इश्रते-तन्हाई[1]

मैं कि मयख़ाना-ए-उल्फ़त का[2] पुराना मयख़्वार
महफ़िले - हुस्न का इक मुतरिबे - शीरीं - गुफ्तार[3]
माहपारों का हदफ़ ज़ोहरा-जबीनों का शिकार[4]
नग़्मा - पैरा - ओ - नवासंजो - ग़ज़लख़्वां हूँ[5] मैं

कितने दिलकश हैं मिरे बुतख़ाना-ए-ईमां के सनम[6]
वो कलीसाओं के आहू[7] वो ग़ज़ालाने-हरम[8]
मैं हमा-शौक़ो-मोहब्बत[9], वो हमा-लुत्फ़ो-करम[10]
मरकज़े - मरहमते - महफ़िले - खूबां[11] हूँ मैं

मौजज़न[12] है मए-इश्रत[13] मिरे पैमानों में
यास का दर्द है कमतर मेरे अफ़सानों में
कामरानी[14] है परअफ़शां[15] मिरे रूमानों[16] में
यास की[17] सई - ए - जुनूंख़ेज पे खंदां हूँ[18] मैं

---

1. एकान्त का सुख 2. प्रेम की मधुशाला का 3. मृदुभाषी गायक 4. चाँद के टुकड़ों (सुन्दरियों) का निशाना 5. गीत गा रहा हूँ 6. मेरी मान्यता के मन्दिर की मूर्तियाँ (सुन्दरियां) 7. गिरजाघरों के मृग (मृगनयनी सुन्दरियां) 8. काबे की चार- दीवारी (अन्तःपुर) की मृगनयनी स्त्रियाँ 9. साकार प्रेम 10. साकार कृपा 11. सुन्दरियों की महफ़िल की कृपाओं का केंद्र 12. तरंगित 13. सुख-रूपी मदिरा 14. सफलता 15. पंख फैलाए 16. प्रेम-कथाओं 17. निराशा की 18. उन्मादोत्पादक प्रयत्न पर हँसता हूँ

मेरे अफ़कार में[1] महताब की[2] तलअत[3] ग़लतां[4]
मेरी गुफ़्तार में[5] है सुब्ह की नज़हत[6] ग़लतां
मेरे अशआर में है फूलों की नकहत[7] ग़लतां
    रूहे - गुलज़ार[8] हूँ मैं जाने - गुलिस्तां हूँ मैं

लाख मजबूर हूँ मैं ज़ौके - खुद - आराई से[9]
दिल है बेज़ार अब इस इशरते - तन्हाई से
आंख मजबूर नहीं है मिरी बीनाई से[10]
    महरमे - दर्दो ग़मे - आलमे - इन्सां[11] हूँ मैं

क्यों न चाहूँ कि हर इक हाथ में पैमाना हो
यासो-महरूमी-ओ-मजबूरी इक अफ़साना हो
आम अब फ़ैज़े-मए-ओ-साक़ी-ओ-मयख़ाना हो
    रिंद हूँ और जिगर-गोशा-ए-रिंदां[12] हूँ मैं

अब ये अरमां कि बदल जाए जहां का दस्तूर
एक-इक आँख में हो ऐश-फ़रागत का[13] सरूर
एक-इक जिस्म पे हो अतलसो-कमख़्वाबो-समूर
    अब ये बात और है ख़ुद चाक-गरेबां[14] हूँ मैं

(1943)

---

1. रचनाओं में 2. चाँद की 3. रूप 4. डूबी (घुली) हुई 5. बातचीत में 6. पवित्रता 7. सुगन्ध
8. बाग़ की आत्मा 9. आत्म-सज्जा की प्रवृत्ति से 10. ज्योति से 11. मनुष्य के दुःख-दर्द का
मर्मज्ञ 12. मद्यपों के हृदय का टुकड़ा 13. ऐश्वर्य एवं सुख का 14. फटे दामन वाला

नज़्रे-अलीगढ़[1]

सरशारे - निगाहे - नर्गिस[2] हूँ, पाबस्त -ए- गेसुए - सुंबुल[3] हूँ
ये मेरा चमन है मेरा चमन, मैं अपने चमन का बुलबुल हूँ

हर आन यहाँ सेहबाए-कुहन[4] इक साग़रे-नौ[5] में ढलती है
कलियों से हुस्न टपकता है, फूलों से जवानी उबलती है

जो ताक़े-हरम में रौशन है वो शमा यहाँ भी जलती है
इस दश्त के गोशे-गोशे से इक जूए-हयात[6] उबलती है

इस्लाम के इस बुतख़ाने में अस्नाम[7] भी हैं और आज़र[8] भी
तहज़ीब के इस मयख़ाने में शमशीर[9] भी है और साग़र भी

यां हुस्न की बर्क़ चमकती है, यां नूर की बारिश होती है
हर आह यहां एक नग़्मा है, हर अश्क[10] यहां इक मोती है

हर शाम है शामे-मिस्र यहां, हर शब है शब-शीराज़[11] यहां
है सारे जहां का सोज़[12] यहां और सारे जहां का साज़ यहां

ये दश्ते-जुनूं दीवानों का, ये बज़्मे-वफ़ा परवानों की
ये शहरे-तरब[13] रूमानों का, ये खुल्दे-बरीं[14] अरमानों की

---

1. अलीगढ़ को समर्पित। यह कविता अब अलीगढ़ मुस्लिम विश्वविद्यालय का तराना है।
2. फूल जिसकी आकृति आँख जैसी होती है 3. बालों जैसी एक लम्बी घास जिसने मेरे पाँव
बाँध रखे हैं 4. पुरानी शराब 5. नया प्याला 6. जीवन की नदी 7. मूर्तियाँ 8. अग्नि 9. तलवार
10. आँसू 11. ईरान का एक प्रसिद्ध शहर 12. तड़प 13. खुशियों का शहर 14. स्वर्ग

फ़ितरत ने सिखाई है हमको उफ़्ताद[1] यहां, परवाज़ यहां
गाए हैं वफ़ा के गीत यहां, छेड़ा है जुनूं का साज़ यहां

इस फ़र्श से हमने उड़-उड़ कर अफ़लाक[2] के तारे तोड़े हैं
नाहीद[3] से की है सरगोशी, परवीन[4] से रिश्ते जोड़े हैं

इस बज़्म में तेग़ें[5] खेंची हैं, इस बज़्म में साग़र तोड़े हैं
इस बज़्म में आँख बिछाई है, इस बज़्म में दिल तक जोड़े हैं

इस बज़्म में नेज़े[6] फेंके हैं, इस बज़्म में खंजर चूमे हैं
इस बज़्म में गिर कर तड़पे हैं, इस बज़्म में पीकर झूमे हैं

आ-आ के हज़ारों बार यहां खुद आग भी हमने लगाई है
फिर सारे जहां ने देखा है ये आग हमीं ने बुझाई है

यां हमने कमंदें डाली हैं, यां हमने शबख़ूं[7] मारे हैं
यां हमने क़बायें[8] नोची हैं, यां हमने ताज उतारे हैं

हर आह है ख़ुद तासीर[9] यहां, हर ख़ाब है ख़ुद ताबीर[10] यहां
तदबीर[11] के पाए-संगी[12] पर झुक जाती है तक़दीर यहां

ज़र्रात[13] का बोसा लेने को सौ बार झुका आकाश यहां
खुद आंख से हमने देखी है बातिल[14] की शिकस्ते फ़ाश[15] यहां

इस गुल कदए-पारीना[16] में फिर आग भड़कने वाली है
फिर अब्र[17] गरजने वाले हैं, फिर बर्क[18] कड़कने वाली है

---

1. बुनियाद, प्रारम्भ 2. आकाश 3, 4. तारों के नाम 5. तलवारें 6. भाले 7. रात में धावा बोलना
8. परिधान 9. प्रभाव 10. ख़्वाब का अर्थ, वास्तविकता में बदलना 11. समाधान 12. पत्थर
जैसे मजबूत पाँव 13. कणों 14. मिथ्या 15. करारी हार 16. प्राचीन उद्यान 17. बादल 18. बिजली

जो अब्र यहाँ से उड़ेगा वो सारे जहां पर बरसेगा
हर जूए-रवां[1] पर बरसेगा, हर कोहे-गिरां[2] पर बरसेगा

हर सर्वो-समन[3] पर बरसेगा, हर दश्तो-दमन[4] पर बरसेगा
ख़ुद अपने चमन पर बरसेगा, ग़ैरों के चमन पर बरसेगा

हर शहरे-तरब पर गरजेगा, हर क़स्रे-तरब[5] पर कड़केगा
ये अब्र हमेशा बरसा है, ये अब्र हमेशा बरसेगा

(1936)

---

1. बहती नदी 2. भारी पहाड़ 3. फूलों का नाम 4. जंगल और पहाड़ 5. ख़ुशियों का महल

नौजवान ख़ातून से

हिजाबे-फ़िल्ला-परवर[1] अब उठा लेती तो अच्छा था
ख़ुद अपने हुस्न को पर्दा बना लेती तो अच्छा था
       तिरी नीची नज़र ख़ुद तेरी इस्मत की मुहाफ़िज़ है
       तू इस नश्तर की तेज़ी आज़मा लेती तो अच्छा था

तिरी चीने-ज़बीं[2] ख़ुद इक सज़ा क़ानूने-फ़ितरत में
इसी शमशीर से कारे-सज़ा[3] लेती तो अच्छा था
       ये तेरा ज़र्द रुख़[4], ये ख़ुश्क लब, ये वहम, ये वहशत
       तू अपने सर से ये बादल हटा लेती तो अच्छा था

दिले-मजरूह को[5] मजरूहतर करने से क्या हासिल
तू आंसू पोंछकर अब मुस्करा लेती तो अच्छा था
       अगर ख़लवत में[6] तूने सर उठाया भी तो क्या हासिल
       भरी महफ़िल में आकर सर झुका लेती तो अच्छा था

तिरे माथे का टीका मर्द की क़िस्मत का तारा है
अगर तू साज़े-बेदारी[7] उठा लेती तो अच्छा था
       सिनानें[8] खैंच ली हैं सर-फिरे बाग़ी जवानों ने
       तू सामाने-जराहत[9] अब उठा लेती तो अच्छा था

तिरे माथे पे ये आंचल बहुत ही ख़ूब है लेकिन
तू इस आंचल से इक परचम[10] बना लेती तो अच्छा था

(1937)

---

1. उपद्रवकर्ता पर्दा 2. माथे का बल 3. दंड देने का कार्य 4. पीला मुखड़ा 5. घायल हृदय को 6. एकान्त में 7. जागरण का साज़ 8. भाले 9. शल्य-चिकित्सा- सम्बन्धी सामग्री 10. पताका

दिल्ली से वापसी

रुख़सत ऐ दिल्ली तिरी महफ़िल से अब जाता हूँ मैं
नौहागर[1] जाता हूँ मैं, नाला-ब-लब[2] जाता हूँ मैं
याद आएंगे मुझे तेरे ज़मीनो - आस्मां
रह चुके हैं मेरी जौलांगाह[3] तेरे बोस्तां[4]
तेरा दिल धड़का चुके हैं मेरे एहसासात भी
तेरे ऐवानों में[5] गूंजे हैं मिरे नग़मात भी
रश्के - शीराज़े - कुहन[6], हिन्दोस्तां की आबरू
सरज़मीने - हुस्नो - मौसीक़ी[7], बहिश्ते - रंगों - बू[8]
मा'बदे - हुस्नो - मोहब्बत[9] बारगाहे - सोज़ो - साज़[10]
तेरे बुतख़ाने हसीं, तेरा कलीसा दिलनवाज़
ज़िक्र यूसुफ़ का तो क्या कीजै तिरी सरकार में
ख़ुद ज़ुलैख़ा आके बिकती है तिरे बाज़ार में
जन्नतें आबाद हैं तेरे दरो - दीवार में
और तू आबाद ख़ुद शायर के क़ल्बे-ज़ार में[11]
महफ़िले-साक़ी सलामत ! बज़्मे-अंजुम[12] बरक़रार
नाज़नीनाने - हरम पर[13] रहमते - परवर्दिगार[14]
याद आएगी मुझे बेतरह याद आएगी तू
ऐन वक़्ते-मैकशी[15] आँखों में फिर जाएगी तू
क्या कहूँ किस शौक़ से आया था तेरी बज़्म में
छोड़कर ख़ुल्दे-अलीगढ़[16] की हज़ारों महफ़िलें

---

1. विलाप करते हुए 2. होंठों पर आर्त्तनाद लिये हुए 3. दौड़ का मैदान (क्रीड़ा-स्थल) 4. उपवन
5. महलों में 6. प्राचीन फ़ारस देश की ईर्ष्या 7. सौन्दर्य तथा संगीत की धरती 8. रंग तथा
सुगन्ध का स्वर्ग 9. सौन्दर्य तथा प्रेम का आराधना-स्थल 10. सोज़ और साज़ की राजसभा
11. क्षीण हृदय में 12. सितारों (सुन्दरियों) की सभा 13. अन्तःपुर की सुन्दरियों पर 14. भगवान्
की कृपा 15. शराब पीते समय 16. अलीगढ़ का स्वर्ग

कितने रंगीं अहदो-पैमां[1] तोड़कर आया था मैं
दिल-नवाज़ाने-चमन को छोड़कर आया था मैं
इक निशेमन[2] मैंने छोड़ा, इक निशेमन छुट गया
साज़ बस छेड़ा ही था मैंने कि गुलशन छुट गया
दिल में सोज़े-ग़म की इक दुनिया लिये जाता हूँ मैं
आह तेरे मयकदे से बे-पिए जाता हूँ मैं
जाते-जाते लेकिन इक पैमां[3] किए जाता हूँ मैं
अपने अज़्मे-सरफ़रोशी की[4] क़सम खाता हूँ मैं
फिर तिरी बज़्मे-हसीं में लौटकर आऊंगा मैं
आऊंगा मैं और बाअन्दाज़े-दिगर[5] आऊंगा मैं
ओह वो चक्कर दिए हैं गर्दिशे-अय्याम ने[6]
खोलकर रख दी हैं आँखें तल्ख़ी-ए-आलाम ने[7]
फ़ितरते-दिल दुश्मने-नग़्मा हुई जाती है अब
ज़िन्दगी इक बर्क़[8] इक शो'ला हुई जाती है अब
सिर से पा तक[9] एक ख़ूनी राग बनकर आऊंगा
लालाज़ारे - रंगो - बू में[10] आग बनकर आऊंगा

---

1. रंगीन वचन 2. घोंसला, नीड़ 3. प्रतिज्ञा 4. जान पर खेल जाने के संकल्प की 5. अन्य ढंग से 6. कालचक्र ने 7. दुःखों की कटुता ने 8. बिजली 9. सिर से पैर तक 10. रंग और सुगन्ध के उपवन में

एतिराफ़

अब मिरे पास तुम आई हो तो क्या आई हो !

मैंने माना कि तुम इक पैकरे-रा'नाई[1] हो

चमने - दहर में[2] रूहे - चमन - आराई[3] हो

तलअते-मेहर[4] हो, फ़िरदौस की[5] बरनाई[6] हो

बिन्ते-महताब[7] ही गर्दूं से[8] उतर आई हो

मुझसे मिलने में अब अंदेशा-ए-रुसवाई है

मैंने ख़ुद अपने किए की ये सज़ा पाई है

ख़ाक में आह मिलाई है जवानी मैंने

शो'लाज़ारों में जलाई है जवानी मैंने

शहरे - ख़ूबां में[9] गंवाई है जवानी मैंने

ख़्वाबगाहों में जगाई है जवानी मैंने

हुस्न ने जब भी इनायत की नज़र डाली है

मेरे पैमाने-मोहब्बत ने[10] सिपर[11] डाली है

उन दिनों मुझ पे क़ियामत का जुनूं[12] तारी था

सर पे सरशारी-ए-इश्रत का[13] जुनूं तारी था

महापारों से[14] मोहब्बत का जुनूं तारी था

शहरयारों से[15] रक़ाबत[16] का जुनूं तारी था

बिस्तरे - मख़मलो-संजाब थी दुनिया मेरी

एक रंगीनो - हसीं ख़्वाब थी दुनिया मेरी

---

1. साकार सौन्दर्य 2. संसार-रूपी वाटिका में 3. वाटिका को सजानेवाली आत्मा 4. सूर्य की चमक 5. स्वर्ग की 6. जवानी 7. चाँद की बेटी 8. आकाश से 9. सुन्दरियों के नगर में 10. प्रेम-प्रतिज्ञा ने 11. ढाल (हथियार) 12. गज़ब का उन्माद 13. सुख-भोग का 14. चाँद के टुकड़ों (सुन्दरियों) से 15. शहर के मालिकों से 16. प्रतिद्वन्द्विता

जन्नते - शौक़[1] थी बेगाना-ए-आफ़ाते-समूम[2]

दर्द जब दर्द न हो, काविशे-दर्मां[3] मालूम

ख़ाक थे दीदा-ए-बेबाक में[4] गर्दूं के नुजूम[5]

बज़्मे-परवीं[6] थी निगाहों में कनीज़ों का[7] हुजूम

लैला-ए-नाज़-बर-अफ़ग़ंदा निक़ाब[8] आती है

अपनी आँखों में लिये दावते-ख़्वाब[9] आती है

संग को[10] गौहरे-नायाबो-गिरां[11] जाना था

दश्ते-पुरख़ार को[12] फिर्दौसे-जवां[13] जाना था

रेग को[14] सिलसिला-ए-आबे-रवां[15] जाना था

आह ये राज़ अभी मैंने कहां जाना था।

मेरी हर फ़तह में है एक हज़ीमत[16] पिनहां[17]

हर मसर्रत में है राज़े-ग़मो-हसरत पिनहां

क्या सुनोगी मिरी मजरूह जवानी की पुकार

मेरी फरियादे-जिगरदोज़[18] मिरा नाला-ए-ज़ार[19]

शिद्दते-कर्ब में[20] डूबी हुई मेरी गुफ़्तार[21]

मैं कि ख़ुद अपने मज़ाक़े-तरब-आगीं का[22] शिकार

वो गुदाज़े-दिले-मरहूम[23] कहाँ से लाऊं

अब मैं वो जज़्बा-ए-मासूम[24] कहाँ से लाऊं

---

1. प्रेम का स्वर्ग 2. विषाक्त वायु की विपत्तियों से अपरिचित 3. उपचार का प्रयत्न
4. निडर आँखों में 5. आकाश के नक्षत्र 6. सितारों जैसी सुन्दर सुकुमारियों की सभा 7. दासियों
का 8. चेहरे पर नक़ाब डाले हुए रात 9. नींद का निमन्त्रण 10. पत्थर को 11. अलभ्य तथा
अमूल्य मोती 12. कांटों भरे जंगलों को 13. युवा स्वर्ग 14. रेत को 15. बहते जल का सिलसिला
16. पराजय 17. निहित 18. दिल तोड़ने वाली फ़रियाद 19. दुःख-भरा आर्त्तनाद 20. उत्कट
पीड़ा में 21. बातचीत 22. प्रसन्न-हृदयता की अभिरुचि का 23. मृत-हृदय की मृदुलता
24. सरल भावना

मेरे साए से डरो, तुम मिरी क़ुर्बत[1] से डरो
अपनी जुरत की क़सम अब मेरी जुरत से डरो
तुम लताफ़त[2] हो अगर मेरी लताफ़त से डरो
मेरे वादों से डरो, मेरी मोहब्बत से डरो
    अब मैं अल्ताफ़ो-इनायत का[3] सज़ावार नहीं
    मैं वफ़ादार नहीं, हां मैं वफ़ादार नहीं
अब मिरे पास तुम आई हो तो क्या आई हो !

---

1. सामीप्य 2. माधुर्य 3. कृपा का

नन्ही पुजारिन

इक नन्ही - मुन्नी सी पुजारिन
                पतली बांहें, पतली गरदन
भोर भये मन्दिर आई है
                आई नहीं है मां लाई है
वक़्त से पहले जाग उठी है
                नींद अभी आंखों में भरी है
ठोड़ी तक लट आई हुई है
                यूंही सी लहराई हुई है
आंखों में तारों की चमक है
                मुखड़े पर चांदी की झलक है
कैसी सुन्दर है क्या कहिए
                नन्ही सी इक सीता कहिए
धूप चढ़े तारा चमका है
                पत्थर पर इक फूल खिला है
चांद का टुकड़ा, फूल की डाली
                कमसिन, सीधी, भोली-भाली
कान में चांदी की बाली है
                हाथ में पीतल की थाली है
दिल में लेकिन ध्यान नहीं है
                पूजा का कुछ ज्ञान नहीं है
कैसी भोली और सीधी है
                मन्दिर की छत देख रही है
माँ बढ़कर चुटकी लेती है
                चुपके - चुपके हंस देती है

हँसना रोना उसका मज़हब
उसको पूजा से क्या मतलब
खुद तो आई है मन्दिर में
मन उसका है गुड़िया-घर में

शिकवा-ए-मुख्तसर[1]

मुझे शिकवा नहीं दुनिया की उन ज़ोहरा जबीनों से[2]
हुई है जिनसे मेरे शौक़े-रुसवा की[3] पज़ीराई[4]

मुझे शिकवा नहीं उन पाक-बातिन[5] नुक़्ताचीनों से[6]
लबे-मौज्ज़िनुमा ने[7] जिनके मुझ पर आग बरसाई

मुझे शिकवा नहीं तहज़ीब के उन पासबानों से[8]
न लेने दी जिन्होंने फ़ितरते-शायर को[9] अंगड़ाई

मुझे शिकवा नहीं दैरो-हरम के[10] आस्तानों से[11]
वो, जिनके दर पे[12] की है मुद्दतों मैंने जबीं साई[13]

मुझे शिकवा नहीं उफ़्तादग़ाने - ऐशो - इश्रत से[14]
वो, जिनको मेरे हाले-ज़ार पर[15] अकसर हंसी आई

मुझे शिकवा नहीं उन साहबाने-जाहो सरवत से[16]
नहीं आई मिरे हिस्से में जिनकी एक भी पाई

ज़माने के निज़ामे-जंग-आलूदा से[17] शिकवा है
क्वानीने-कुहन[18], आईने-फ़र्सूदा से[19] शिकवा है

---

1. संक्षिप्त शिकायत 2. सुन्दरियों से 3. बदनाम इश्क़ की 4. अंगीकृत 5. शुद्ध हृदय
6. आलोचकों से 7. बुद्धि को आश्चर्य में डालने वाले होंठों (ज़बान) ने 8. रक्षकों से 9. कवि
के स्वभाव या प्रकृति को 10. मन्दिर-मस्जिद के 11. चौखटों से 12 दरवाज़े पर 13. माथा
रगड़ा 14. सुख-वैभव भोगने वालों से 15. दरिद्र दशा पर 16. धनवानों से 17. जंग लगी व्यवस्था
से 18, 19. पुराने और जर्जर नियमों तथा व्यवस्था से

सानिहा[1]

(महात्मा गाँधी की मौत से मुतास्सिर होकर)

दर्दो ग़मे-हयात का दरमाँ[2] चला गया
वह ख़िज़्ने[3]-असरो-ईसए दौराँ चला गया
हिन्दू चला गया, न मुसलमाँ चला गया
इंसाँ की जुस्तजू में[4] इक इंसाँ चला गया
रक़्साँ चला गया न ग़ज़लख़्वाँ चला गया
सोज़ो-गुदाज़ो-दर्द में ग़लताँ[5] चला गया
बरहम हैं जुल्फ़े-कुफ़्र तो ईमाँ है सरनिगूँ[6]
वह फ़ख़्रे-कुफ़्रे-नाज़िशो-ईमाँ चला गया
बीमारे-ज़िंदगी की करे कौन दिल दरीं
नव्वाज़ो - चारासाज़े - मरीज़ाँ चला गया
किसकी नज़र पड़ेगी अब 'असियाँ' पे लुत्फ़ की
वह मरहमे - नज़ाकते - असियाँ चला गया
वह राज़दारे - महफ़िले - याराँ नहीं रहा
वह ग़मगुज़ारे - महफ़िले - हरीफ़ाँ चला गया
अब काफ़िरी में रस्मो-रहे दिलबरी नहीं
ईमाँ की बात यह है कि ईमाँ चला गया
इक बेखुदे - सुरूरे - दिलो - जाँ नहीं रहा
इक आशिक़े - सदाक़ते - पिन्हाँ[7] चला गया
वा चश्म नम है आज जुलेख़ाए-कायनात
ज़िंदाने - शिकन वह यूसुफ़े - ज़िंदां चला गया

---

1. हादसा 2. चिकित्सा करनेवाला 3. पथ प्रदर्शक 4. खोज में 5. डूबा हुआ 6. झुका हुआ
7. आन्तरिक सत्य का प्रेमी

ऐ आर्ज़ू वह चशमए-हैवाँ न कर तलाश
ज़ुल्मात से[1] वह चशमए-हैवाँ चला गया
अब संगो-ख़िश्तो-ख़ाको-ख़िज़फ़ सरबुलंद हैं
ताजे-वतन का लाले-दरख़्शाँ[2] चला गया
अब अहरमन[3] के हाथ में है तेग़े-ख़ूँचकाँ[4]
ख़ुश है कि दस्तो-बाजुए-यज़्दाँ[5] चला गया
देओ बदी से मर्का-ए-सख़्त ही सही
यह तो नहीं कि ज़ोरे जवानाँ चला गया
क्या अहले - दिल में जज़्बए - ग़ैरत नहीं रहा
क्या अज़्में - सरफ़रोशिए - मर्दाँ चला गया
क्या बागियों की आतिशे-दिल[6] सर्द हो गई
क्या सरकशों का जज़्बए-पिन्हाँ[7] चला गया
क्या वो जुनूनो-जज़्बए-बेदार[8] मर गया
क्या वो शबाब हश्र बदामाँ चला गया
ख़ुश है बदी जो दाम[9] ये नेकी पे डाल के
रख देंगे हम बदी का कलेजा निकाल के

(1950)

---

1. अँधेरों से 2. दीप्तिमान मोती 3. बदी यानी बुराई का खुदा 4. खून सनी तलवार 5. आस्तिकों के हाथ और कलाई 6. दिल की आग 7. भीतरी जज़्बा 8. जाग्रत लोगों की भावना और उत्साह 9. फन्दा

ग़ज़लें

कुछ तुझको ख़बर है हम क्या-क्या, ए शोरिशे-दौरां[1] भूल गये
वो जुल्फ़े-परीशां[2] भूल गये, वो दीदा-ए-गिरियां[3] भूल गये
ऐ शौक़े-नज़ारा[4] क्या कहिए, नज़रों में कोई सूरत ही नहीं
ऐ ज़ौक़े-तसव्वुर[5] क्या कीजै, हम सूरते-जानां[6] भूल गये
अब गुलसे नज़र मिलती ही नहीं, अब दिल की कली खिलती ही नहीं
ऐ फ़स्ले-बहारां[7] रुख़सत हो, हम लुत्फे-बहारां भूल गये
सब का तो मुदावा[8] कर डाला, अपना ही मुदावा कर न सके
सब के तो गरेबां सी डाले, अपना ही गरेबां भूल गये
ये अपनी वफ़ा का आलम है, अब उनकी जफ़ा को क्या कहिए
इक नश्तरे-ज़हर-आगीं[9] रखकर नज़दीके-रगे-जां[10] भूल गये

कमाले-इश्क़[11] है दीवाना हो गया हूं मैं
        ये किसके हाथ से दामन छुड़ा रहा हूं मैं
तुम्हीं तो हो जिसे कहती है नाख़ुदा[12] दुनिया
        बचा सको तो बचा लो, कि डूबता हूं मैं
ये मेरे इश्क़ की मजबूरियां मआज़-अल्लाह[13]
        तुम्हारा राज़ तुम्हीं से छुपा रहा हूं मैं

---

1. संसार के उपद्रव 2. बिखरे केश 3. रोती आँखें 4. देखने की चाह 5. कल्पना की प्रवृत्ति
6. प्रेयसी की शक्ल 7. वसन्त ऋतु 8. उपचार 9. विष में बुझा हुआ नश्तर 10. नस के निकट
11. इश्क का चमत्कार 12. नाविक 13. ख़ुदा ही पनाह

इस इक हिजाब पे[1] सौ बेहिजाबियां सदक़े

    जहाँ से चाहता हूं तुमको देखता हूं मैं

बताने वाले वहीं पर बताते हैं मंज़िल

    हज़ार बार जहाँ से गुज़र चुका हूं मैं

कभी ये ज़ो'म[2] कि तू मुझसे छुप नहीं सकता

    कभी ये वहम कि खुद भी छुपा हुआ हूं मैं

मुझे सुने न कोई मस्ते-बादा-ए-इशरत[3]

    'मजाज़' टूटे हुए दिल की इक सदा[4] हूं मैं

सारा आलम गोश - बर - जावाज़ है[5]

    आज किन हाथों में दिल का साज़ है

हां ज़रा जुरत दिखा ऐ जज़्बे-दिल

    हुस्न को पर्दे पे अपने नाज़ है

हमनशीं दिल की हक़ीक़त क्या कहूँ

    सोज़ में डूबा हुआ इक साज़ है

आपकी मख़्मूर आंखों की क़सम

    मेरी मय-ख़्वारी[6] अभी तक राज़ है

हंस दिए वो मेरे रोने पर मगर

    उनके हंस देने में भी इक राज़ है

---

1. पर्दे पर 2. घमंड 3. सुख-रूपी शराब द्वारा मस्त 4. आवाज़ 5. पूरा संसार आवाज़ पर कान लगाए है 6. मदिरापान

छुप गये वो साज़े-हस्ती[1] छेड़ कर

     अब तो बस आवाज़ ही आवाज़ है

हुस्न को नाहक़[2] पशेमां[3] कर दिया

     ऐ जूनूं[4] ये भी कोई अंदाज़ है

सारी महफ़िल जिसपे झूम उट्ठी 'मजाज़'

     वो तो आवाज़े-शिकस्ते-साज़[5] है

वो निक़ाब आप से उठ जाए तो कुछ दूर नहीं

     वरना मेरी निगाहे-शौक़[6] भी मजबूर नहीं

ख़ातिरे-अहले-नज़र[7] हुस्न को मंज़ूर नहीं

     इसमें कुछ तेरी ख़ता दीदा-ए-महजूर[8] नहीं

लाख छुपते हो मगर छुपके भी मस्तूर[9] नहीं

     तुम अजब चीज़ हो, नज़दीक नहीं, दूर नहीं

जुर्रते-अर्ज़ पे[10] वो कुछ नहीं कहते लेकिन

     हर अदा से ये टपकता है कि मंज़ूर नहीं

दिल धड़क उठता है ख़ुद अपनी ही आहट पर

     अब क़दम मंज़िले-जानां[11] से बहुत दूर नहीं

हाय वो वक़्त कि जब बे-पिये मदहोशी थी

     हाय ये वक़्त कि अब पीके भी मख़्मूर नहीं

---

1. जीवन-संगीत 2. व्यर्थ 3. लज्जित 4. उन्माद 5. साज़ के टूटने की आवाज़ 6. इच्छुक निगाह
7. पारखी जनों का दिल रखना 8. वियोगग्रस्त आँख 9. छुपे हुए 10. निवेदन के साहस पर
11. प्रेयसी तक पहुँचने की मंज़िल

हुस्न ही हुस्न है जिस सिम्त उठाता हूँ नज़र
अब यहाँ तूर नहीं, बर्क़[1] सरे-तूर[2] नहीं
देख सकता हूँ जो आंखों से वो काफ़ी है 'मजाज़'
अहले-इफ़्क़ाँ की[3] नवाज़िश मुझे मंज़ूर नहीं

निगाहे-लुत्फ़[4] मत उठ, ख़ूगरे-आलाम[5] रहने दे
हमें नाकाम रहना है, हमें नाकाम रहने दे
किसी मासूम पर बेदाद[6] का इल्ज़ाम क्या मानी
ये वहशतख़ेज़ बातें इश्क़े-बद-अंजाम[7] रहने दे
अभी रहने दे दिल में शौक़े-शोरीदा के[8] हंगामे
अभी सर में मोहब्बत का जुनूने-ख़ाम[9] रहने दे
अभी रहने दे कुछ दिन लुत्फ़े-नग़्मा, मस्ती-ए-सहबा[10]
अभी ये साज़ रहने दे, अभी ये जाम रहने दे
कहाँ तक हुस्न भी आख़िर करे पासे-रवादारी[11]
अगर ये इश्क़ ख़ुद ही फ़र्क़े-ख़ासो-आम[12] रहने दे
ब-ई-रिंदी[13] 'मजाज़' इक शायरे-मज़दूरो-दहक़ाँ[14] है
अगर शहरों में वो बदनाम है बदनाम रहने दे

---

1. बिजली 2. तूर नामक पहाड़ की चोटी पर (जहाँ हज़रत मूसा ने ख़ुदा से बातें की थीं)
3. ब्रह्मज्ञानियों की 4. कृपादृष्टि 5. दुःखों का अभ्यस्त 6. अत्याचार 7. बुरे परिणाम वाले प्रेम
8. परेशानियों की इच्छा के 9. अपक्व उन्माद 10. शराब की मस्ती 11. रवादारी का लिहाज
12. विशेष और साधारण का भेद 13. ऐसा मद्यप होने पर भी 14. मज़दूरों और किसानों का कवि

सीने में उनके जलवे छुपाए हुए तो हैं
    हम अपने दिल को तूर बनाए हुए तो हैं
तासीरे-जज़्बे-शौक़[1] दिखाए हुए तो हैं
    हम तेरा हर हिजाब[2] उठाए हुए तो हैं
हाँ, क्या हुआ वो हौसला-ए-दीद[3] अहले-दिल[4]
    देखो ना वो निकाब उठाए हुए तो हैं
तेरे गुनाहगार, गुनाहगार ही सही
    तेरे करम की[5] आस लगाए हुए तो हैं
अल्लाह री कामियाबी-ए-आवारगाने-इश्क़[6]
    ख़ुद गुम हुए तो क्या, उसे पाए हुए तो हैं
यूं तुझको इख़्तियार है तासीर[7] दे न दे
    दस्ते-दुआ[8] हम आज उठाए हुए तो हैं
मिटते हुओं को देखके क्यों रो न दें ‘मजाज़’
    आखिर किसी के हम भी मिटाए हुए तो हैं

ख़ुद दिल में रहके आंख से पर्दा करे कोई
    हाँ लुत्फ़ जब है पाके भी ढूंढ़ा करे कोई
तुमने तो हुक्मे-तर्क-तमन्ना[9] सुना दिया
    किस दिल से आह तर्के-तमन्ना करे कोई
दुनिया लरज गई दिले-हिर्मां-नसीब की[10]
    इस तरह साज़े-ऐश न छेड़ा करे कोई

---

1. इश्क़ भावना का प्रभाव 2. पर्दा 3. देखने का साहस 4. दिलवालों (आशिक़ो)
5. कृपा की 6. इश्क़ के आवारों की सफलता 7. फल 8. प्रार्थना के (लिए) हाथ 9. इश्क़
तज देने का हुक्म 10. निराश मन की

मुझको ये आरज़ू वो उठाएं निक़ाब ख़ुद
    उनको ये इन्तिज़ार तक़ाज़ा करे कोई
रंगीनी-ए-निक़ाब में गुम हो गई नज़र
    क्या बेहिजाबियों का[1] तक़ाज़ा करे कोई
या तो किसी को जुर्रत-ए-दीदार[2] ही न हो
    या फिर मिरी निगाह से देखा करे कोई
होती है इसमें हुस्न की तौहीन ऐ 'मजाज़'
    इतना न अहले-इश्क़ को[3] रुसवा करे कोई

हुस्न फिर फ़ित्नागर[4] है क्या कहिए
    दिल की जानिब नज़र है क्या कहिए
फिर वही रहगुज़र है, क्या कहिए
    ज़िंदगी राह पर है, क्या कहिए
हुस्न ख़ुद पर्दा-दर[5] है, क्या कहिए
    ये हमारी नज़र है, क्या कहिए
आह तो बे-असर थी बरसों से
    नग़्मा भी बे-असर हैं, क्या कहिए
हुस्न है अब न हुस्न के जलवे
    अब नज़र ही नज़र है, क्या कहिए
आज भी है 'मजाज़' ख़ाक-नशीं[6]
    और नज़र अर्श पर[7] है, क्या कहिए

---

1. बेपर्दगियों का 2. दर्शनों का साहस 3. प्रेमीजनों को 4. उपद्रवशील 5. पर्दा उठाए हुए
6. धरती पर रहने वाला 7. आकाश पर

बर्क़दि-तमन्ना पे इताब[1] और ज़ियादा
            हाँ मेरी मोहब्बत का जवाब और ज़ियादा
रोएं न अभी अहले-नज़र[2] हाल पे मेरे
            होना है अभी मुझको ख़राब और ज़ियादा
'आवारा-ओ-मजनूं' ही पे मौक़ूफ़[3] नहीं कुछ
            मिलने हैं अभी मुझको ख़िताब और ज़ियादा
उट्ठेंगे अभी और भी तूफ़ां मिरे दिल से
            देखूंगा अभी इश्क़ के ख़्वाब और ज़ियादा
टपकेगा लहू और मिरे दीदा-ए-तर से[4]
            धड़केगा दिले-ख़ाना-ख़राब और ज़ियादा
होगी मिरी बातों से उन्हें और भी हैरत
            आएगा उन्हें मुझसे हिजाब[5] और ज़ियादा
ऐ मुत्रिबे-बेबाक[6] कोई और भी नग़्मा
            ऐ साक़ी-ए-फ़य्याज़[7] शराब और ज़ियादा

इज़्ने ख़िराम[8] लेते हुए आस्मां से[9] हम
            हटकर चले हैं रहगुज़रे-कारवां से[10] हम
क्योंकर हुआ है फ़ाश[11] ज़माने पे क्या कहें
            वो राज़े-दिल जो कह न सके राज़दां से[12] हम
हमदम यही है रहगुज़रे-यारे-ख़ुश-ख़िराम[13]
            गुज़रे हैं लाख बार इसी कहकशां से[14] हम

---

1. कोप 2. नज़र रखने वाले (पारखी) 3. समाप्त या बस 4. सजल नेत्रों से 5. लज्जा
6. मुक्तकंठ गायक 7. उदार साक़ी 8. धीमी चाल से चलने का आदेश 9. भाग्य से 10. कारवान
के रास्ते से 11. प्रकट 12. भेदी से 13. सुन्दर चाल से चलने वाले यार (प्रेयसी) का मार्ग
14. आकाश गंगा से

क्या-क्या हुआ है हमसे जुनूं में[1] न पूछिए
उलझे कभी ज़मीं से कभी आस्मां से हम
ठुकरा दिए हैं अक़्लो-ख़िरद के[2] सनमकदे[3]
घबरा चुके थे कश्मकशे-इम्तिहां से हम
बख़्शी हैं हमको इश्क़ ने वो जुर्रतें 'मजाज़'
डरते नहीं सियासते-अहले-जहां से[4] हम

साज़गार[5] है हमदम[6] इन दिनों जहां अपना
इश्क़ शादमां[7] अपना, शौक़[8] कामरां[9] अपना
आह बेअसर किसकी, नाला[10] नारसा[11] किसका
काम वारहा आया जज़्बा-ए-निहां[12] अपना
कब किया था इस दिल पर हुस्न ने करम[13] इतना
मेहरबान इस दर्जा, कब था आस्मां अपना
उलझनों से घबराए, मयकदे में दर आए[14]
किस क़दर तन-आसां[15] है ज़ौक़े-रायगां[16] अपना
इश्क़ और रुसवाई कौन सी नई शै है
इश्क़ तो अज़ल से[17] था रुसवाए-जहां अपना
तुम 'मजाज़' दीवाने मसलहत से बेगाने[18]
वरना हम बना लेते तुमको राज़दां[19] अपना

---

1. उन्माद में 2. बुद्धि और होश के 3. मन्दिर 4. संस्वर वालों की राजनीति से 5. अनुकूल
6. साथी 7. इश्क़ 8. आह्लादित 9. सफल 10. आर्त्तनाद 11. न पहुँचने वाला 12. निहित
भावना 13. कृपा 14. आ गये 15. आलसी 16. व्यर्थ का शौक़ या इश्क़ 17. आदिकाल से
18. हित से अपरिचित 19. भेदी

शौक़ के[1] हाथों ऐ दिले-मुज़्तर[2] क्या होना है क्या होगा
इश्क़ तो रुसवा हो ही चुका है, हुस्न भी क्या रुसवा होगा

हुस्न की बज़्मे-ख़ास में जाकर इससे ज़ियादा क्या होगा
कोई नया पैमां[3] बांधेंगे, कोई नया वादा होगा

चारागरी[4] सर आँखों पर इस चारागारी से क्या होगा
दर्द कि अपनी आप दवा है, तुमसे अच्छा क्या होगा

वाइज़े-सादालौह से[5] कह दो छोड़ उक़्वा की[6] बातें
इस दुनिया में क्या रक्खा है, उस दुनिया में क्या होगा

तुम भी 'मजाज़' इनसान हो आख़िर लाख छुपाओ इश्क़ अपना
ये भेद मगर खुल जाएगा, ये राज़ मगर अफ़्शा[7] होगा

नहीं ये फ़िक्र कोई रहबरे-कामिल[8] नहीं मिलता
कोई दुनिया में मानूसे-मिज़ाजे-दिल[9] नहीं मिलता

कभी साहिल पे रहकर शौक़ तूफ़ानों से टकराएं
कभी तूफ़ां में रहकर फ़िक्र है साहिल नहीं मिलता

ये आना कोई आना है कि बस रस्मन चले आए
ये मिलना ख़ाक मिलना है कि दिल से दिल नहीं मिलता

शिकस्ता-पा को[10] मुज़्दा,[11] ख़स्तगाने-राह को[12] मुज़्दा
कि रहबर[13] को सुराग़े-जादा-ए-मंज़िल[14] नहीं मिलता

---

1. इश्क़ के 2. आतुर मन 3. प्रतिज्ञा 4. उपचार 5. सरल स्वभाव धर्मोपदेशक से
6. परलोक की 7. प्रकट 8. सिद्ध पथ-प्रदर्शक 9. स्वभाव से परिचित (मित्र) 10. शिथिल जनों
को 11. मंगल समाचार 12. रास्ते के थके हुओं को 13. पथ-प्रदर्शक 14. मंज़िल के मार्ग
का पता

वहाँ कितनों को तख़्तो-ताज का अरमां है क्या कहिए
जहाँ साइल[1] को अक्सर कासा-ए-साइल[2] नहीं मिलता

ये क़त्ले-आम और बे-इज़्न क़त्ले-आम[3] क्या कहिए
ये बिस्मिल[4] कैसे बिस्मिल हैं जिन्हें क़ातिल नहीं मिलता

जुनूने-शौक़[5] अब भी कम नहीं है
       मगर वो आज भी बरहम नहीं है
बहुत मुश्किल है दुनिया का संवरना
       तिरी जुल्फ़ों का पेचो-ख़म नहीं है
बहुत कुछ और भी है इस जहां में
       ये दुनिया महज़ ग़म ही ग़म नहीं है
तक़ाज़े क्यों करूं पैहम[6] न साक़ी
       किसे यां फ़िक्रे-बेशो-कम[7] नहीं है
उधर मशक़ूक[8] है मेरी सदाक़त[9]
       इधर भी बदगुमानी कम नहीं है
मिरी बर्बादियों का हम-नशीनो[10]
       तुम्हें क्या ख़ुद मुझे भी ग़म नहीं है
अभी बज़्मे-तरब से[11] क्या उठूं मैं
       अभी तो आंख भी पुरनम[12] नहीं है

---

1. भिखारी 2. भिक्षा-पात्र 3. निर्देश बिना सर्व-संहार 4. आहत 5. इश्क़ का उन्माद 6. निरन्तर
7. अधिक और कम की चिन्ता 8. सन्दिग्ध 9. सच्चाई, वास्तविकता 10. साथियों 11. ख़ुशी
की महफ़िल से 12. सजल

ब-ई सैले - ग़मो - सैले - हवादिस[1]
मिरा सर है कि अब भी ख़म नहीं है
'मजाज़' इक बादाकश[2] तो है यक़ीनन
जो हम सुनते थे वो आलम[3] नहीं है

जिगर और दिल को बचाना भी है
नज़र आप ही से मिलाना भी है
मोहब्बत का हर भेद पाना भी है
मगर अपना दामन बचाना भी है
जो दिल तेरे ग़म का निशाना भी है
क़तीले - जफ़ाए - ज़माना[4] भी है
ख़िरद की[5] इताअत[6] ज़रूरी सही
यही तो जुनूँ[7] का ज़माना भी है
ये दुनिया, ये उक़्बा[8] कहां जाइए
कहीं अहले-दिल का[9] ठिकाना भी है
मुझे आज साहिल पे रोने भी दो
कि तूफ़ान में मुस्कराना भी है
ज़माने से आगे तो बढ़िए 'मजाज़'
ज़माने को आगे बढ़ाना भी है

---

1. चिन्ताओं तथा दुर्घटनाओं की बाढ़ के बावजूद 2. शराबी 3. हालत 4. संसार के अत्याचारों का मारा हुआ 5. बुद्धि की 6. आज्ञा-पालन 7. उन्माद 8. परलोक 9. दिलवालों (आशिक़ों) का

दामने - दिल पे[1] नहीं बारिशे - इल्हाम[2] अभी

इश्क़ नापुख़्ता[3] अभी, जज़्बे दरूं[4] ख़ाम[5] अभी

ख़ुद झिझकता हूं कि दावा-ए-जुनूं[6] क्या कीजै

कुछ गवारा भी है ये क़ैदे-दरो-वाम[7] अभी

ये जवानी तो अभी माइले - पैकार[8] नहीं

ये जवानी तो है रुसवाए-मय-ओ-जाम[9] अभी

वाइज़ो-शैख़ ने[10] सर जोड़ के बदनाम किया

वरना बदनाम न होती मय-ए-गुलफ़ान[11] अभी

मैं ब-सद-फ़ख़्र[12] ये ज़ुह्हाद से[13] कहता हूं 'मजाज़'

मुझको हासिल, शरफ़े-बैअते-ख़य्याम[14] अभी

आशिक़ी जांफ़ज़ा[15] भी होती है

और सब्र-आज़मा भी होती है

रूह होती है क़ैफ-पर्वर[16] भी

और दर्द-आशना भी होती है

हुस्न को कर न दे ये शर्मिन्दा

इश्क़ से ये ख़ता[17] भी होती है

---

1. दिल रूपी दामन पर 2. दैवी प्रेरणा की वर्षा 3. अपरिपक्व 4. भीतरी भावना 5. अपक्व
6. उन्माद का दावा 7. दरवाज़ों और छतों (घर) की क़ैद 8. संघर्ष की ओर प्रवृत्त 9. शराब
के कारण बदनाम 10. धर्मोपदेशकों ने 11. फूलों जैसी सुन्दर शराब 12. अत्यंत गौरव के साथ
13. संयमियों से 14. प्रसिद्ध दार्शनिक और मधप ख़य्याम की शिष्यता का गौरव 15. प्राणवर्धक
16. आनन्दोत्पादक 17. ग़लती

बन गई रस्म बादाख़्वारी[1] भी
  ये नमाज़ अब क़ज़ा[2] भी होती है
जिसको कहते हैं नाला-ए-बरहम[3]
  साज़ में वो सदा[4] भी होती है

रहे-शौक़ से[5] अब हटा चाहता हूं
  कशिश[6] हुस्न की देखना चाहता हूं
कोई दिल-सा दर्द-आशना चाहता हूं
  रहे-इश्क़ में रहनुमा[7] चाहता हूं
तुझी से तुझे छीनना चाहता हूं
  ये क्या चाहता हूं, ये क्या चाहता हूं
ख़ताओं पे[8] जो मुझको माइल[9] करे फिर
  सज़ा और ऐसी सज़ा चाहता हूं
तुझे ढूँढ़ता हूं तिरी जुस्तजू है
  मज़ा है कि ख़ुद गुम हुआ चाहता हूं

अक़्ल की सतह से[10] कुछ और उभर जाना था
  इश्क़ को मंज़िले-पस्ती से[11] गुज़र जाना था
जलवे थे हल्क़ा-ए-हर-दामे-नज़र से[12] बाहर
  मैंने हर जलवे को पाबंदे-नज़र[13] जाना था

---

1. शराब पीना 2. समय पर न होने वाली नमाज़ 3. क्रुद्ध आर्त्तनाद 4. आवाज़ 5. इश्क़ के मार्ग से 6. आकर्षण 7. पथ प्रदर्शक 8. ग़लतियों पर 9. प्रवृत्त 10. स्तर से 11. पतन की मंज़िल से 12. नज़र के जाल की हर कड़ी से 13. नज़र का पाबन्द

हुस्न का ग़म भी हसीं, फ़िक्र हसीं, दर्द हसीं
    उनको हर रंग में हर तौर संवर जाना था
हुस्न ने शौक़ के हंगामे तो देखे थे बहुत
    इश्क़ के दावा-ए-तक़्दीस से[1] डर जाना था
ये तो क्या कहिए चला था मैं कहां से हमदम[2]
    मुझको ये भी न था मालूम किधर जाना था
हुस्न, और इश्क़ को दे ता'ना-ए-बेदाद[3] 'मजाज़'
    तुमको तो सिर्फ़ इसी बात पे मर जाना था

परतवे - साग़रे - सहबा[4] क्या था
    रात इक हश्र-सा बरपा[5] क्या था
क्यों जवानी की मुझे याद आई
    मैंने इक ख़्वाब सा देखा क्या था
हुस्न की आंख भी नमनाक[6] हुई
    इश्क़ को आपने समझा क्या था
इश्क़ ने आंख झुका ली वरना
    हुस्न और हुस्न का पर्दा क्या था
क्यों 'मजाज़' आपने साग़र[7] तोड़ा
    आज ये शहर में चर्चा क्या था

---

1. पवित्रता के दावे से 2. साथी 3. अत्याचार का ताना 4. अंगूरी शराब के प्याले का प्रतिबिम्ब
5. प्रलय सी मची हुई 6. सजल 7. शराब का प्याला

ये जहां बारगहे - रत्ले - गिरां[1] है साक़ी

        इक जहन्नुम मिरे सीने में तपां है[2] साक़ी

जिसने बर्बाद किया माइले-फ़रियाद[3] किया

        वो मोहब्बत अभी इस दिल में जवां है साक़ी

एक दिन आदमो-हव्वा भी किये थे पैदा

        वो उख़ुव्वत[4] तिरी महफ़िल में कहाँ है साक़ी

माहो-अंजुम[5] मिरे अश्कों से गुहरताब[6] हुए

        कहकशां[7] नूर की इक जूए-रवां[8] है साक़ी

हुस्न ही हुस्न है जिस सिम्त[9] भी उठती है नज़र

        कितना पुरकैफ़ ये[10] मंज़र[11] ये समां है[12] साक़ी

ज़मज़मा[13] साज़ का पायल के छनाके की तरह

        बेहतर-अज़ शोरिशे-नाक़ूसो-अज़ां[14] है साक़ी

मेरे हर लफ़्ज़ में बेताब मिरा सोज़े-दरूं[15]

        मेरी हर सांस मोहब्बत का धुआं है साक़ी

---

1. बहुमूल्य शराब के प्याले की राजसभा (मधुशाला) 2. जल रहा है 3. फ़रियाद करने पर विवश 4. बन्धुत्व 5. चाँद, सितारे 6. आँसुओं से मोतियों जैसे चमकदार 7. आकाश-गंगा 8. प्रकाश की बहती नदी 9. ओर 10. आनन्ददायक 11. दृश्य 12. समय 13. संगीत 14. शंख और अज़ान की आवाज़ से बेहतर 15. भीतरी जलन

तस्कीने-दिले-महजूं न हुई[1], वो सई-ए-करम फ़रमा भी गए[2]
इस सई-ए-करम को क्या कहिए, बहला भी गये तड़पा भी गए

इक अर्ज़े-वफ़ा भी कर न सके, कुछ कह न सके, कुछ सुन न सके
यां हमने ज़बां ही खोली थी, वां आंख झुकी शरमा भी गए

आशुफ़्तगी-ए-वहशत की[3] क़सम, हैरत की क़सम, हसरत की क़सम
अब आप कहें कुछ या न कहें हम राज़े-तबस्सुम[4] पा भी गए

रूदादे-ग़मे-उल्फ़त[5] उनसे हम क्या कहते, क्योंकर कहते
इक हर्फ़[6] न निकला होंठों से और आंख में आंसू आ भी गए

अर्बाबे-जुनूं पर[7] फ़ुरक़त में[8] अब क्या कहिए क्या-क्या गुज़रा
आये थे सवादे-उल्फ़त में[9] कुछ खो भी गए, कुछ पा भी गए

ये रंगे-बहारे-आलम[10] है, क्यों फ़िक्र है तुझको ऐ साक़ा
महफ़िल तो तिरी सूनी न हुई, कुछ उठ भी गए, कुछ आ भी गए

उस महफ़िले-कैफ़ो-मस्ती में, उस अंजुमने-इर्फ़ानी में[11]
सब जाम-ब-कफ़[12] बैठे ही रहे, हम पी भी गए, छलका भी गए

---

1. दुःखित हृदय शान्त न हुआ 2. कृपा करने की कोशिश 3. उपेक्षा की खिन्नता की
4. मुस्कुराहट का भेद 5. प्रेम के दुःखों की कहानी 6. शब्द 7. उन्माद-ग्रस्तों (आशिक़ों) पर
8. बिछोह में 9. प्रेम-नगरी की सीमा में 10. संसार के वसन्त की स्थिति 11. ब्रह्मज्ञानियों
की सभा में 12. प्याला हाथ में लिये

दिले - खूं - गश्ता - ए - जफ़ा पे[1] कहीं
अब करम[2] भी गिराँ[3] न हो जाए

तेरे बीमार का ख़ुदा हाफ़िज़
नज़्रे - चारागराँ[4] न हो जाए

इश्क़ क्या - क्या न आफ़तें ढाए
हुस्न गर मेहबाँ न हो जाए

मय के[5] आगे ग़मों का कोहे-गिराँ[6]
एक पल में धुआं न हो जाए

फिर 'मजाज़' इन दिनों ये ख़तरा है
दिल हलाके - बुताँ[7] न हो जाए

(मरणोपरांत प्राप्त कलाम)

---

1. उपेक्षा द्वारा घायल मन पर 2. कृपा 3. बोझल, असह्य 4. उपचारकों की भेंट 5. शराब के 6. बहुत बड़ा पहाड़ 7. सुन्दरियों द्वारा हताहत

दर्द की दौलते - बेदार[1] अता[2] हो साक़ी
हम बही-ख़्वाह[3] सभी के हैं, भला हो साक़ी

सख़्तजां[4] ही नहीं हम ख़ुदसर-ओ-ख़ुद्दार[5] भी हैं
नावके-नाज़[6] ख़ता है[7] तो ख़ता हो साक़ी

सअई-ए-तद्बीर में[8] मुज़मर[9] है इक आहे-जांसोज़[10]
इस का इनआम सज़ा हो कि जज़ा[11] हो साक़ी

सीना-ए-शौक़ में[12] वो ज़ख्म कि लौदे उट्ठे
और भी तेज़ ज़माने की हवा हो साक़ी

आंधियां उट्ठी हैं, सुनसान है मयख़ाना-ए-शौक़[13]
अब तो इक सिजदा-ए-मा'सूम[14] रवा हो[15] साक़ी

(मरणोपरांत प्राप्त कलाम)

---

1. जागृत धन 2. प्रदान 3. शुभचिन्तक 4. जिसके प्राण कठिनता से निकलें 5. मुँहज़ोर तथा स्वाभिमानी 6. नाज़ रूपी तीर 7. चूक गया है 8. कर्म करने के प्रयत्न में 9. निहित 10. जानलेवा आह 11. शुभ प्रतिफल 12. इश्क़ रूपी छाती में 13 इश्क़ रूपी मधुशाला 14. मासूम की प्रार्थना 15. स्वीकार हो

शे'र

ख़ुद को बहलाना था आख़िर ख़ुद को बहलाता रहा
मैं ब-ई सोज़े - दरूं[1] हंसता रहा, गाता रहा
मुझ को एहसासे - फ़रेबे - रंगों - बू[2] होता रहा
मैं मगर फिर भी फ़रेबे - रंगों - बू खाता रहा

मेरी दुनिया-ए-वफ़ा में क्या से क्या होने लगा
इक दरीचा बंद मुझ पर एक वा होने लगा[3]
इक निगारे-नाज़ की[4] फिरने लगीं आंखें 'मजाज़'
इक बुते-काफ़िर[5] का दिल दर्द-आशना[6] होने लगा

मए-गुलफ़ाम[7] भी है, साज़े-इश्रत[8] भी है, साक़ी भी
मगर मुश्किल है आशोबे-हक़ीक़त से[9] गुज़र जाना

मैं कि बर्बादि - निगाराने - दिल आरा[10] ही सही
मैं कि रुसवाए - मयो - साग़रो - मीना[11] ही सही
मैं कि मक़तूले - गुलो - नर्गिसे - शहला[12] ही सही
फिर भी मैं ख़ाके - रहे - साहिबे - नज़रां[13] हूँ दोस्त

---

1. हृदय की जलन के बावजूद 2. रंग तथा सुगन्ध के छल की अनुभूति 3. खुलने लगा
4. हाव-भाव दिखाने वाली सुन्दरी की 5. हठधर्म सुन्दरी 6. सहानुभूति- कर्ता 7. फूल जैसी
सुन्दर शराब 8. सुख-संगीत 9. वास्तविकता की पीड़ा से 10. हृदयाकर्षक सुन्दरियों द्वारा बर्बाद
11. शराब के प्याले और सुराही (शराब) के कारण बदनाम 12. नर्गिस के फूल जैसी आँखों
वाली सुन्दरियों द्वारा हताहत 13. पारखियों के मार्ग (पैरों) की धूल

मुझे सागर दोबारा मिल गया है
तलातुम में[1] किनारा मिल गया है
मिरी बादा - परस्ती[2] पर न जाओ
जवानी को सहारा मिल गया है

इश्क़ का ज़ौके-नज़ारा[3] मुफ़्त में बदनाम है
हुस्न ख़ुद बेताब है जलवे दिखाने के लिए

वादा तेरा गो वादा-ए-बातिल[4] तो नहीं है
ये बाइसे-तस्कीने-ग़मे-दिल[5] तो नहीं है
क्यों ख़ुश है कोई ख़स्ता-ओ-वामांदा-ए-तूफ़ां[6]
ये मौजे-बला है कोई साहिल तो नहीं है

दिल को महवे-ग़मे-दिलदार[7] किए बैठे हैं
रिंद[8] बनते हैं मगर ज़हर पिए बैठे हैं
चाहते हैं कि हर इक ज़र्रा शिगूफ़ा[9] बन जाए
और ख़ुद दिल ही में इक ख़ार[10] लिये बैठे हैं

वक़्त की सई-ए-मुसलसल[11] कारगर[12] होती गई
ज़िंदगी लहज़ा-ब-लहज़ा[13] मुख़्तसर होती गई
सांस के पर्दों में बजता ही रहा साज़े-हयात[14]
मौत के क़दमों की आहट तेज़तर होती गई

---

1. तूफ़ान में 2. मदिरा पान 3. देखने की चाह 4. झूठा वायदा 5. मन की अशान्ति के लिए
शान्ति का साधन 6. तूफ़ान के हाथों श्रांत तथा शिथिल 7. प्रेयसी के ग़म में तल्लीन 8. मद्यप
9. कली 10. कांटा 11. निरन्तर प्रयत्न 12. सफल 13. क्षण-प्रति-क्षण 14. जीवन का साज़

क्या हुआ मैंने अगर हाथ बढ़ाना चाहा
आपने खुद भी तो दामन न बचाना चाहा
यूं तो अफ़साना-ए-उल्फ़त[1] था अज़ल से[2] रंगी
हमने कुछ और भी रंगीन बनाना चाहा

किस तरफ़ जाए कहाँ जाए बता दो कोई
जुल्फ़े-पुरख़म का[3] गिरफ़्तार निगाहों का क़तील[4]
आलमे-यास में[5] क्या चीज़ है इक साग़रे-मए[6]
दश्ते-जुल्मात में[7] जिस तरह खिज्र की कंदील[8]
कितनी दुश्वार है पीराने-हरम की[9] मंज़िल
इस तरफ़ फ़िल्ला-ए इब्लीस[10] उधर रब्बे-जलील[11]

फिर मिरीं आंख हो गयी नमनाक
फिर किसी ने मिज़ाज पूछा है

कुछ तुम्हारी निगाह काफ़िर थी
कुछ मुझे भी खराब होना था

---

1. प्रेम-कथा 2. आदिकाल से 3. पेचदार केशों का 4. मारा हुआ 5. निराशा की स्थिति में
6. शराब का प्याला 7. अंधियारों के जंगल में 8. पथप्रदर्शक की मशाल 9. मस्ज़िद के वयोवृद्धों
की 10. शैतान का उपद्रव 11. सर्वश्रेष्ठ भगवान्

फिर किसी के सामने चश्मे-तमन्ना[1] झुक गई
शौक़ की[2] शोखी में रंगे-एहतिराम[3] आ ही गया
बारहा ऐसा हुआ है याद तक दिल में न थी
बारहा मस्ती में लब पर उनका नाम आ ही गया
ज़िंदगी के ख़ाका-ए-सादा को[4] रंगीं कर दिया
हुस्न काम आये न आये इश्क़ काम आ ही गया

खाइएगा इक निगाहे-लुत्फ़[5] का कब तक फ़रेब
कोई अफ़साना बना कर बदगुमाँ[6] हो जाइए

अपना ग़म औरों को दे औरों का ग़म लेने से क्या
तेरी क़श्ती पार लग जाएगी इस खेने से क्या
बात तो जब है कि मर जा अर्सा-गाहे-रज़्म में[7]
इस पे दम देने से क्या और उस पे दम देने से क्या

❑ ❑ ❑

---

1. कामना-रूपी आँख 2. इश्क़ की 3. आदर का रंग 4. सादे रेखाचित्र को 5. प्रेम-दृष्टि
6. मिथ्या सन्देह करने वाला 7. (जीवन के) युद्धक्षेत्र में

राजपाल एण्ड सन्ज़ की स्थापना एक शताब्दी पूर्व 1912 में लाहौर में हुई थी। आरम्भिक दिनों में अधिकतर धार्मिक, सामाजिक और देश-प्रेम की पुस्तकें प्रकाशित होती थीं और हिन्दी के अतिरिक्त अंग्रेज़ी, उर्दू व पंजाबी भाषा में भी पुस्तकें प्रकाशित की जाती थीं।

1947 में भारत-विभाजन के बाद राजपाल एण्ड सन्ज़ को नए सिरे से दिल्ली में स्थापित किया गया और साहित्यिक पुस्तकों के प्रकाशन का आरम्भ हुआ। रामधारी सिंह दिनकर, महादेवी वर्मा, बच्चन, अज्ञेय, शिवानी, आचार्य चतुरसेन, विष्णु प्रभाकर, राजेन्द्र यादव, मोहन राकेश, रांगेय राघव, कमलेश्वर और अन्य साहित्यिक लेखकों की कृतियाँ यहाँ से प्रकाशित होने लगीं। राजपाल एण्ड सन्ज़ से प्रकाशित *मधुशाला*, *कुरुक्षेत्र*, *मानस का हंस*, *आवारा मसीहा*, *कितने पाकिस्तान*, *आषाढ़ का एक दिन* जैसी पुस्तकें हिन्दी साहित्य की 'क्लासिक पुस्तकें' मानी जाती हैं और आज भी लोकप्रियता के शिखर पर हैं। भारत के राष्ट्रपतियों और प्रधानमंत्रियों की पुस्तकें प्रकाशित करने का गौरव भी राजपाल एण्ड सन्ज़ को प्राप्त है। नोबेल पुरस्कार से सम्मानित अर्थशास्त्री डॉ. अमर्त्य सेन की सभी पुस्तकों के हिन्दी अनुवाद यहाँ से प्रकाशित हैं। अन्तरराष्ट्रीय चर्चित पुस्तकों के अनुवाद, विश्वविख्यात कोशकार डॉ. हरदेव बाहरी द्वारा सम्पादित 'राजपाल' शब्दकोशों की शृंखला और किशोरों के लिए सैकड़ों पुस्तकें राजपाल एण्ड सन्ज़ से प्रकाशित हुई हैं।

पाठकों के स्वस्थ और सुरुचिपूर्ण मनोरंजन और ज्ञानवर्धन के लिए समर्पित राजपाल एण्ड सन्ज़ से हिन्दी और अंग्रेज़ी में पुस्तकें प्रकाशित होती हैं जो देश के सभी बड़े पुस्तक-विक्रेताओं और विश्व भर के ऑनलाइन विक्रेताओं के यहाँ उपलब्ध हैं।

राजपाल एण्ड सन्ज़

1590 मदरसा रोड, कश्मीरी गेट, दिल्ली-6, फोन: 011-23869812, 23865483
email: sales@rajpalpublishing.com, facebook: facebook.com/rajpalandsons
website: www.rajpalpublishing.com

'लोकप्रिय शायर और उनकी शायरी' शृंखला की अन्य पुस्तकें

- फ़ैज़
- ज़ौक
- जिगर
- मजाज़
- इक़बाल
- ग़ालिब
- क़तील शिफ़ाई
- अख़्तर शीरानी
- सरदार जाफ़री
- मीर तक़ी 'मीर'
- जोश मलीहाबादी
- फ़िराक गोरखपुरी
- मजरूह सुलतानपुरी
- साहिर लुधियानवी
- नज़ीर अकबराबादी
- नासिर काज़मी

सभी पुस्तक विक्रेताओं और सभी
प्रमुख वेबसाइट पर उपलब्ध
www.rajpalpublishing.com

CPSIA information can be obtained
at www.ICGtesting.com
Printed in the USA
LVHW110855170123
737251LV00006B/737